Die Bibel

Wissen für Einsteiger

Die Bibel

Wissen für Einsteiger

STEPHEN M. MILLER

scm R.Brockhaus

Die englische Originalausgabe erschien unter dem Titel
USER'S GUIDE TO THE BIBLE
bei Lion Hudson.
© 2006 Stephen M. Miller/Lion Hudson
© der deutschen Ausgabe: R. Brockhaus Verlag im SCM-Verlag, Witten

Aus dem Englischen übersetzt von Hans-Werner Durau

Die Bibelzitate sind entnommen aus:
Die Bibel nach der Übersetzung Martin Luthers in der revidierten Fassung von 1984. Durchgesehene Ausgabe in neuer Rechtschreibung. © 1984 Deutsche Bibelgesellschaft, Stuttgart (ohne Kennung)

Neues Leben. Die Bibel © Copyright der deutschen Ausgabe 2002 und 2005 Hänssler Verlag, D-71087 Holzgerlingen (NLB)

© 2008 R. Brockhaus Verlag im SCM-Verlag GmbH & Co. KG, Witten
Satz: www.factory-media.net | Remscheid
Gedruckt in Singapur
ISBN 978-3-417-26243-8
Bestell-Nr. 226.243

Inhalt

Einführung

Wenn Sie je eine Reise in unbekanntes Gebiet gemacht haben, wissen Sie den Wert eines Reiseführers zu schätzen. Ohne einen solchen wüssten Sie nicht, wo Sie überhaupt anfangen sollten – besonders, wenn das Gebiet, in dem Sie reisen, riesig ist.

Ich würde keinen Fuß in ein anderes Land setzen, ohne zunächst einen Reiseführer zu lesen, der mich zu den Höhepunkten, den wichtigsten Stätten und schönsten Aussichten führt.

Genau das ist auch dieses Buch – ein Reiseführer.

Sonderbarerweise ist es ein Reiseführer für ein anderes Buch – die Bibel. Nun fragen Sie sich vielleicht: Wozu das? Sollte man da nicht gleich die Bibel lesen?

Zwei Gründe sehe ich, warum man vielleicht doch einen solchen Reiseführer braucht:

1. Die Bibel ist nämlich nicht bloß ein Buch. Sie ist eine Bibliothek mit 66 Büchern, die von einer unbekannten Zahl von Autoren stammen und in verschiedenen Genres geschrieben worden sind. Die Zeitspanne, in der die Bücher verfasst worden sind, erstreckt sich auf deutlich mehr als tausend Jahre. Gar nicht so einfach, da zu wissen, wo man beim Lesen anfangen soll.

Zudem ist die Bibel 2 000–3 000 Jahre alt und spielt in einer ganz anderen Zeit und einem uns unbekannten Kulturkreis. Warum das von Bedeutung ist? Ein Beispiel: Mein Sohn bereitet sich gerade auf eine Prüfung zu Shakespeares Macbeth vor. Er liest das Schauspiel – es wurde zur selben Zeit verfasst wie die Übersetzung der King-James-Bibel (vor ca. 400 Jahren) und ist auch genauso schwierig zu verstehen. Das Drama selbst wiederum spielt etwa im elften Jahrhundert. Die Kultur beider Epochen ist meinem Sohn fremd. Und die Worte klingen für unsere Ohren reichlich merkwürdig. Also liest er auch einen Führer zu Macbeth, damit er die Geschichte besser versteht.

Nun ist die Bibel (pardon, Shakespeare!) noch weit komplexer als Macbeth. Wenn es überhaupt ein Buch gibt, das eines „Reiseführers" bedarf, dann ist es die Bibel.

Die Bibel – Wissen für Einsteiger bietet Ihnen einen schnellen Überblick über die 66 Bücher der biblischen Bibliothek. Jedes Buch wird in einem Absatz zusammengefasst; die Kernpunkte, Hauptpersonen, bemerkenswertesten Szenen und bekanntesten Bibelstellen werden vorgestellt. Hinzu kommen kurzgefasste Artikel darüber, auf welche Weise die Bibel zu uns gekommen ist sowie über Zentralaussagen der Bibel. Das Buch bietet auch Tipps, damit Sie verstehen können, was Sie in der Bibel lesen, und Werkzeuge für das Selbststudium. Berühmte biblische Personen und Orte werden vorgestellt und auch archäologische Funde, die die biblischen Aussagen stützen. Zusätzlich gibt es Antworten zu einigen der häufigsten Fragen, die über die Bibel, ihre Geschichten und ihre Lehre gestellt werden.

Natürlich ersetzt dieses Buch die Bibel nicht! Wie der biblische Johannes der Täufer weist dieses Buch auf etwas viel Besseres hin. Als die jüdischen Schriftgelehrten Johannes fragten, wer er sei, sagte er, dass er nur den Weg für jemand anderen vorbereite – für eine Person, von der er sagt: „Der wird nach mir kommen, und ich bin nicht wert, dass ich seine Schuhriemen löse" (Johannes 1,27). Diese Person war Jesus.

Dieses Buch bereitet in gleicher Weise auf das Wort Gottes vor. Wenn wir Sie durch unser Buch zum Buch Gottes führen und Sie es vielleicht mit neuem Verständnis lesen, haben wir das erreicht, was wir uns wünschen.

Zeittafel zur Bibel

Viele Angaben sind näherungsweise zu verstehen.

Datum	vor 2500 v.Chr.	2500 – 2000 v.Chr.	2000 – 1500 v.Chr.	1500 – 1000 v.Chr.	1000 – 500 v.Chr.	500 – Christi Geburt	1 – 100 n.Chr.
Weltereignisse	Bau der Cheops-Pyramide in Gizeh (Ägypten)	2200: Gilgamesch-Epos (Babylonien), eine der ältesten Dichtungen der Menschheit	1690: Codex Hammurabi (Babylonien) mit 282 Gesetzen – einige dem Gesetz des Mose vergleichbar	1500: Beginn des Hinduismus in Indien 1440: Thutmosis III. regiert in Ägypten 1250: Ramses II. (der Große) regiert in Ägypten	1000: Phönizier erfinden das Alphabet. 776: erste Olympische Spiele der Antike	323: Tod Alexanders des Großen nach der Eroberung des Mittleren Ostens 63: Rom erobert Jerusalem	Juli 64: Zwei Drittel Roms verbrennen – Christen werden der Brandstiftung beschuldigt. 70: Die Römer zerstören Jerusalem und den letzten jüdischen Tempel. 79: Ausbruch des Vesuv. Untergang von Pompeji und Herculanem
Biblische Ereignisse	vor 4000: Schöpfung vor 2500: Sintflut	2100: Gott verspricht Abrahams Nachkommen ein Heimatland.	1800: Jakob und seine Familie fliehen vor einer Hungersnot nach Ägypten; ihre Nachkommen werden dort zu Sklaven.	1440 (oder ca. 1250): Mose führt den Auszug der Israeliten aus Ägypten an. 1035: Die Israeliten krönen Saul zum ersten König.	931: Teilung Israels in Israel (Nordreich) und Juda (Südreich) 722: Assyrer erobern Israel. 586: Babylonier erobern Juda. 538: Wiederaufbau Jerusalems durch die Juden	40–4: Herodes der Große regiert über Judäa. ca. 7–4 v.Chr.: Jesus wird geboren.	30: Jesus wird gekreuzigt. 43: Paulus beginnt seinen Dienst an den Nichtjuden. 44: Als erster Jünger wird der Apostel Jakobus hingerichtet. 67: Hinrichtung des Paulus ca. 90: Johannes schreibt die Offenbarung, das letzte Buch der Bibel.
Biblische Personen	vor 4000: Adam und Eva vor 2500: Noah	22. Jahrhundert: Abraham 21. Jahrhundert: Isaak	20. Jahrhundert: Jakob 19. Jahrhundert: Josef	15. (oder 13.) Jahrhundert: Mose 12. Jahrhundert: Simson 11. Jahrhundert: David	10. Jahrhundert: Salomo 8. Jahrhundert: Jesaja 7. Jahrhundert: Jeremia	7/4 v.Chr. – 30 n.Chr. Jesus	Jesus Petrus und die anderen Jünger Paulus
Szenerie der biblischen Bücher	1. Mose	1. Mose	1. Mose 2. Mose evtl. Hiob	2.–5. Mose Josua Richter Rut 1. und 2. Samuel	1. und 2. Könige 1. und 2. Chronik Hohelied Die meisten prophetischen Bücher	Ester Esra Nehemia Maleachi	Neues Testament

Die Bibel auf einer Seite

Gott schuf, so sagt die Bibel, eine vollkommene Welt. Aber sie blieb nicht vollkommen. Und zwar deshalb nicht, weil Gott dem Menschen die Freiheit gegeben hat, selbst Entscheidungen zu treffen.

Adam und Eva, das erste Menschenpaar, treffen eine tragische Entscheidung. Sie brechen das einzige Gesetz, das Gott ihnen gegeben hatte. Sie essen eine verbotene Frucht.

Plötzlich ändert sich alles – als wäre die Sünde ein Gift, das die Schöpfung verseucht. Die Menschen, die Gott vorher ganz nahe waren, sind nun von ihm getrennt. Der Garten Eden wird zum Unkrautfeld, und statt dauerhafter Gesundheit werden die Menschen nun mit Krankheit und Tod konfrontiert.

Die Bibel erzählt die Geschichte, wie Gott versucht, seine vollkommene Schöpfung zurückzugewinnen und die Sünde und ihre schädlichen Folgen zu überwinden. Dabei beginnt er mit einem aufrechten Mann, der ein Gott hingegebenes Leben führt: Abraham. Diesen wählt er aus und in der Linie seiner Nachkommen zieht sich Gott dann ein Volk heran, das ihm dienen soll: Israel. Und Gottes Plan mit diesem Volk ist: „Ich ... mache dich ... zum Licht der Heiden" (Jesaja 42,6).

Doch Israel enttäuscht Gott immer wieder und bricht ständig die Gesetze Gottes. Daraufhin beruft Gott Propheten, um Israel vor den katastrophalen Folgen zu warnen, die ihre Sünde mit sich bringt. Mit der Zeit wird Israel dann von der Landkarte weggewischt.

Doch Gott erneuert sein Volk wieder: Durch ein Wunder, eine jungfräuliche Geburt, schickt er seinen eigenen Sohn. Jesus lehrt die Menschen, wie man als Bürger des Reiches Gottes lebt. Und durch seine Hinrichtung und seine Auferstehung zeigt Jesus, dass sein Reich ewig besteht.

Doch sein Reich geht über Israel hinaus. „Darum geht zu allen Völkern und macht sie zu Jüngern", sagt er seinen Nachfolgern (Matthäus 28,19). Gottes Plan, alle Nationen zu sich zu führen, wird schließlich durch einen Neubeginn vollendet. „Siehe da, die Hütte Gottes bei den Menschen! Und er wird bei ihnen wohnen, und sie werden sein Volk sein und er selbst, Gott mit ihnen, wird ihr Gott sein; und Gott wird abwischen alle Tränen von ihren Augen, und der Tod wird nicht mehr sein, noch Leid noch Geschrei noch Schmerz wird mehr sein; denn das Erste ist vergangen." (Offenbarung 21,3-4)

Wie die Bibel zu uns kam

Einige der berühmtesten Geschichten der Bibel wurden möglicherweise über Jahrhunderte mündlich weitergetragen, bevor sich irgendwer die Mühe machte, sie niederzuschreiben. Vor 3 000 Jahren konnte nämlich kaum jemand lesen und schreiben. Dafür hörte man umso lieber Geschichten aus dem reichen Schatz der Tradition, erzählt von älteren Familienmitgliedern oder begabten Geschichtenerzählern.

Der erste Schreiber, der in der Bibel erwähnt wird, ist Mose, der im 15. (evtl. auch 13.) Jahrhundert vor Christus lebte. Die jüdische Tradition sagt, dass er die ersten fünf Bücher der Bibel schrieb, obwohl die Bücher selbst nicht sagen, wer sie abgefasst hat.

Doch Mose hat möglicherweise tatsächlich viele der Gesetze aufgeschrieben, die im zweiten bis zum fünften Mosebuch (Exodus, Levitikus, Numeri und Deuteronomium) aufbewahrt sind. Diese Vermutung ist durchaus begründet, denn Gott hatte Mose befohlen: „Schreib dir diese Worte auf; denn aufgrund dieser Worte habe ich mit dir und mit Israel einen Bund geschlossen" (2. Mose 34,27). Genesis, das erste Buch Mose, enthält indessen Geschichten, die sich viele Jahrhunderte vor Mose ereignet hatten.

Manche Bibelexperten nehmen an, dass, als David König wurde, es Palastbeamte waren, die mit der Aufzeichnung der israelischen Geschichte begonnen haben – inklusive der bis dahin mündlich von Generation zu Generation tradierten Geschichten. Vierhundert Jahre nach David, als Feinde die israelische Nation von der Landkarte getilgt und die Überlebenden in die Gegend des heutigen Irak deportiert hatten, war es den Juden nicht mehr möglich, ihren Glauben bei den Opfergottesdiensten in Jerusalem zum Ausdruck bringen. Das Beste, was sie tun konnten, war, ihre heiligen Schriften zu lesen, was nun als eine Art Gottesdienst verstanden wurde. Viele Bibelkenner stimmen darin überein, dass während dieser Zeit jüdische Gelehrte die meisten Aufzeichnungen des Alten Testaments zum Abschluss gebracht haben.

Wie nun genau die Juden entschieden haben, welche Schrift als heilig gilt und welche nicht, bleibt ihr Geheimnis. Geht man von den

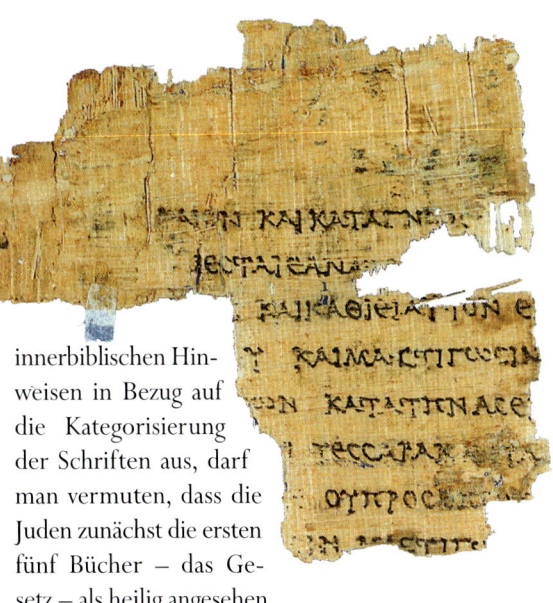

Kleine Geschichte der Bibelübersetzung

3. Jahrhundert v.Chr.:
Septuaginta. Die erste Bibelübersetzung: Das hebräische Alte Testament wird ins Griechische übersetzt

382–420:
Vulgata. Übersetzung der Bibel ins Lateinische, der Sprache Roms

1382:
erste englische Bibelübersetzung durch *John Wycliff*

1524–1529
Froschauer-Bibel, reformierte schweizerdeutsche Übersetzung, später entstand daraus die *Zürcher Bibel*

1522–1534:
Martin Luther übersetzt die Bibel – die bis heute populärste deutsche Bibelübersetzung

1962–1980:
Einheitsübersetzung für den liturgischen Gebrauch im römisch-katholischen Gottesdienst

1968–1982
Gute Nachricht – erste „Bibel in heutigem Deutsch"

innerbiblischen Hinweisen in Bezug auf die Kategorisierung der Schriften aus, darf man vermuten, dass die Juden zunächst die ersten fünf Bücher – das Gesetz – als heilig angesehen haben. Darauf folgten die Propheten, gefolgt von den „Schriften" (also Büchern wie den Psalmen, Hiob oder den Sprüchen). Der früheste Hinweis auf die hebräische Bibel in ihrer heutigen Form entstammt einem jüdischen Buch, das im zweiten nachchristlichen Jahrhundert geschrieben wurde – dem 2. Esrabuch. Der ganze Prozess des Schreibens, Zusammenstellens und der „Heiligsprechung" der Texte dauerte möglicherweise mehr als tausend Jahre.

Für das Neue Testament war dieser Zeitraum viel kürzer. Hier wurden alle Bücher innerhalb weniger Jahrzehnte verfasst, und sie wurden schnell und auf breitem Raum anerkannt. Das letzte Buch der Bibel, die Offenbarung, wurde gegen Ende des ersten Jahrhunderts n.Chr. geschrieben.

Wahrscheinlich sind es nicht die Geschichten über Jesus in den Evangelien (Matthäus, Markus, Lukas, Johannes), die von den Büchern des Neuen Testaments zuerst geschrieben wurden. Solange die Jünger Jesu am Leben waren, konnten sie ja auch noch als Augenzeugen selbst berichten, sodass man oft keine Veranlassung sah, die Geschichten niederzuschreiben. Dies kam erst später, als die ersten leitenden Apostel zu Märtyrern wurden.

oben: Aus dem 2. Jahrhundert v.Chr. stammt dieses Fragment aus der Septuaginta, der ersten Bibelübersetzung der Welt.

Kirchlicher Widerstand gegen Bibelübersetzungen

Kirchenführer richteten Gelehrte wie den englischen Bibelübersetzer William Tyndale hin, weil sie die Bibel aus dem Lateinischen (der offiziellen Kirchensprache, die im alten Rom gesprochen wurde) in Alltagssprache übersetzten. „Christus hat dem Klerus das Evangelium gegeben", erklärte etwa Henry Knighton, ein katholischer Autor im 14. Jahrhundert. Er argumentiert, dass es die Aufgabe des Klerus sei, die biblische Botschaft zu übermitteln. Indem man die Bibel für jedermann („sogar Frauen") übersetzt, werden, so Knighton, die Perlen des Evangeliums vor die Säue geworfen.

Das älteste neutestamentliche Buch ist möglicherweise ein Brief des Apostels Paulus an eine Gemeinde in Thessaloniki im heutigen Griechenland. Man ist heute der Meinung, dass er um ca. 50 n.Chr. verfasst wurde, also ca. 20 Jahre nach der Kreuzigung Jesu.

Briefe von Paulus und anderen Kirchenführern wurden zusammen mit den Evangelien und der frühen Kirchengeschichte (der Apostelgeschichte) kopiert und zirkulierten unter den damaligen Gemeinden. Nach und nach akzeptierten die Christen diese Schriften in gleicher Weise wie die hebräische Bibel – ein Buch, das Paulus so beschrieben hat:

„Denn alle Schrift, von Gott eingegeben, ist nütze zur Lehre, zur Zurechtweisung, zur Besserung, zur Erziehung in der Gerechtigkeit, dass der Mensch Gottes vollkommen sei, zu allem guten Werk geschickt" (2. Timotheus 3,16).

Obwohl Paulus hier über das Alte Testament spricht, haben Christen diesen Brief, den er an seinen Freund Timotheus schrieb, auch selbst als Teil der Heiligen Schrift anerkannt. Schon vor dem Ende des ersten Jahrhunderts wurden die Briefe des Paulus als „Schrift" akzeptiert: Der Apostel Petrus bezeichnet sie in 2. Petrus 3,16 als die „anderen Schriften".

Schlussendlich bestätigten tatsächlich Kirchenführer offiziell, was über die ersten Jahrhunderte hinweg Usus war. Auf dem Konzil von Karthago 397 n.Chr. erklärten sie die 27 Bücher des heutigen Neuen Testaments als von Gott inspirierte Ergänzung der 39 Bücher des Alten Testaments.

Warum man glauben muss, um die Bibel zu verstehen

Manchmal brauchen wir keinen Glauben.

Wir brauchen ihn dann nicht, wenn wir glauben sollen, dass wir am Fuß eines Berges stehen, wenn wir den Berg schon sehen können.

Und wir brauchen ihn auch nicht, um zu glauben, dass wir fallen werden, wenn wir einen Schritt über eine Klippe hinaus tun, denn Schwerkraft haben wir ja schon erfahren (und manchmal haben Röntgenbilder dann ihre Folgen „bewiesen" ...).

Doch wenn ein uraltes Buch, das von meist anonymen Autoren geschrieben wurde, uns etwas über einen Gott erzählt, den wir nie gesehen und erfahren haben – dann fänden wir einen kleinen Beweis doch schon ganz angebracht.

Allerdings gibt es da ein Problem.

Noch niemand hat herausgefunden, wie man die Existenz eines geistlichen Wesens einem körperlichen Wesen beweisen kann. Wir können von Gott keine DNA-Probe entnehmen. Und von keinem Raumschiff aus wird man je die himmlischen Perlentore fotografieren.

Es gibt eben Dinge, die man nicht beweisen kann und die wir im Glauben akzeptieren – oder ablehnen müssen.

Jesus ist dafür ein gutes Beispiel. Er wollte die Leute davon überzeugen, dass er Gottes Sohn sei, doch die meisten glaubten ihm nicht. Sogar seine zwölf Jünger hatten damit Schwierigkeiten. Enttäuscht sagte Jesus ihnen eines Tages: „Glaubt wenigstens aufgrund von dem, was ich getan habe" (Johannes 14,11; NLB). Sie hatten viele Wunder gesehen: Wasser wurde zu Wein, Jesus ging auf dem Wasser, heilte Kranke und weckte sogar Tote auf. Doch sie glaubten nicht vollständig, bis sie die bemerkenswertesten Zeichen sahen: seinen Tod, seine Auferstehung und Himmelfahrt.

Aber nicht einmal das war ein Beweis dafür, dass Jesus Gottes Sohn war. Doch es war genug für die Jünger. Sie glaubten nun.

Die Bibel präsentiert sich selbst als Gottes Botschaft für die Menschen. Einer ihrer Schreiber drückte es so aus: „Wir haben seine

Geistliche Wahrheit unterscheiden

Es gibt vier Mittel, durch die wir herausfinden können, ob etwas geistlich wahr ist – so formulierte es der Begründer des Methodismus, John Wesley, im 18. Jahrhundert. Theologische Experten haben es das Wesley-Viereck (Quadrilateral) genannt.

- *Die Bibel.* Unsere Hauptquelle.

- *Die Tradition.* Aus langjähriger Kirchenpraxis erworbene Erfahrung.

- *Die Vernunft.* Gesunder Menschenverstand und vorurteilslose Überlegungen.

- *Die persönliche Erfahrung.* Unsere eigenen Entdeckungen.

Majestät mit eigenen Augen gesehen. Er empfing von Gott, dem Vater, Ehre und Herrlichkeit, als Gottes herrliche, hoheitsvolle Stimme rief: ‚Dies ist mein geliebter Sohn, an dem ich meine Freude habe.' Wir haben die Stimme selbst vom Himmel herab gehört" (2. Petrus 1,16-18, NLB).

Wir können nicht beweisen, dass die Worte des Petrus wahr sind und dass die Botschaft, die er und andere uns im Neuen Testament überliefern, von Gott ist. Doch gibt es einige bemerkenswerte Hinweise, die uns in diese Richtung weisen und uns dazu drängen, der Bibel zu glauben.

Hier sind einige dieser Hinweise:

- **Historische Forschung.** Viele Entdeckungen unterstützen die historische Genauigkeit der Bibel. Römische Historiker haben Kreuzigung und Auferstehung Jesu ebenso diskutiert wie die Hinrichtung Johannes des Täufers. Archäologen haben in Assyrien, Babylonien und Persien Dokumente gefunden, die biblische Berichte von Schlachten und ihren Nachwehen bestätigen. Die Namen biblischer Personen – von einem Schreiber wie Baruch bis hin zu König David – tauchen auf Siegeln und Inschriften auf.

- **Prophetie.** Viele alttestamentlichen Prophezeiungen erfüllten sich in neutestamentlicher Zeit. Am erstaunlichsten ist eine Prophetie über Jesus. Diese wurde in einer Schriftrolle des Buches Jesaja aufgezeichnet, hundert Jahre vor der Geburt Jesu. Die Schriftrolle gehört zu den berühmten Qumran-Handschriften. Der Abschnitt über den „leidenden Gottesknecht" klingt wie ein Augenzeugenbericht der Kreuzigung Jesu: „Doch wegen unserer Vergehen wurde er durchbohrt, wegen unserer Übertretungen zerschlagen. Er wurde gestraft, damit wir Frieden haben. Durch seine Wunden wurden

„Haus Davids" ist auf dieser in Nordisrael gefundenen Inschrift hervorgehoben. Sie wurde ungefähr ein Jahrhundert nach David verfasst. Vor dieser Entdeckung fragten sich viele, ob David nicht nur ein mythischer König sei.

wir geheilt! ... aber wen aus seinem Volk stimmte es nachdenklich, dass er aus den Lebenden gerissen und wegen der Vergehen meines Volkes geschlagen wurde? ... doch wurde er in das Grab eines reichen Mannes gelegt" (Jesaja 53,5-9, NLB).

• **Märtyrer.** Propheten und Jünger setzten ihr Leben aufs Spiel, um die Botschaft der Bibel zu verbreiten. Die meisten Jünger Jesu wurden aufgrund ihrer Verkündigung hingerichtet, desgleichen viele Propheten.

• **Jesus.** Seine Bibel war das Alte Testament, und er zitierte oft daraus. Als Satan ihn in der Wüste verführen wollte, sein Fasten zu brechen und Steine in Brot zu verwandeln, antwortete Jesus: „Es steht geschrieben: ‚Der Mensch lebt nicht vom Brot allein, sondern von einem jeden Wort, das aus dem Mund Gottes geht'" (Matthäus 4,4).

• **Glaubwürdigkeit.** Die meisten Lehren der Bibel klingen wahr. Gott fordert uns auf, die Zehn Gebote zu halten, die Jesus in den Worten zusammenfasst, dass wir andere so behandeln sollen, wie wir selbst behandelt werden möchten. Unsere Erfahrung lehrt uns,

Jahrhunderte vor der Erfindung der Druckerpresse kopiert hier ein Mönch minutiös heilige Worte für eine Neuausgabe der Heiligen Schrift.

17

Wie inspiriert ist die Bibel?

Die Bibel ist inspiriert wie kein anderes Buch in der Geschichte, sagen viele Christen.

Manche bestehen sogar darauf, dass Gott selbst die Wörter diktierte und die Originalhandschriften fehlerlos waren. Andere meinen, dass dies nichts besagt, da wir keine Originale mehr besitzen. Was zählt, so wird argumentiert, ist die Frage: Wie inspiriert ist die Bibel, die wir heute haben?

„Voll inspiriert" antworten da die meisten Christen. Gott leitete die antiken Schreiber, die dabei ihren eigenen Stil benutzten und manchmal eigene Beobachtungen hinzufügten. Und er führte die Feder der Kopisten, die Abschriften von Schriftrollen anfertigten, die Verschleißerscheinungen aufwiesen. Allerdings machten diese auch manchmal Fehler. Doch, so die meisten Christen, die geistliche Wahrheit, die Gott uns übermitteln wollte, hat überlebt.

Ist denn die Bibel inspirierter als andere christliche Literatur oder Predigten?

Manche Christen würden argumentieren, dass dies nicht der Fall sei, mit der Begründung, dass der Heilige Geist auch andere Sprecher inspirieren kann – wie schon die Bibel sagt: „Denn ihr seid's nicht, die da reden, sondern der Heilige Geist." (Markus 13,11). Doch die meisten Christen würden rasch hinzufügen, dass die Bibel die endgültige und verlässliche Quelle geistlicher Wahrheit ist – so zuverlässig, dass sich alle geistliche Wahrheit an den Lehren in diesem heiligen Buch messen lassen muss. Jegliche Lehre, die nicht mit der Bibel synchron geht, würde auch als nicht synchron mit Gottes Willen angesehen.

Jedoch ist eins klar: Die Bibel hat den Zeittest bestanden. Tausende von Jahren haben Menschen ihre Botschaft studiert, nach ihr gelebt und sind für sie gestorben. Sie hat sich in der Bibliothek der Menschheit einen einzigartigen Platz erworben.

dass das ein guter Rat ist. Wir sind einfach besser dran, wenn wir andere mit Respekt und Barmherzigkeit behandeln. Wenn wir lügen, stehlen oder töten, hat das hingegen für uns schmerzliche Konsequenzen.

Man könnte die Liste dieser Hinweise weiterführen, jedoch würde das niemals *beweisen*, dass die Bibel das Wort Gottes ist. Aber für zahllose Menschen in den vergangenen 3 000 Jahren war das genug. Sie glaubten.

Als skeptische jüdische Schriftgelehrte Jesus fragten, wann er ihnen denn sagen würde, ob er der erwartete Messias sei, antwortete er: „Ich habe es euch gesagt und ihr glaubt nicht. Die Werke, die ich tue in meines Vaters Namen, die zeugen von mir." (Johannes 10,25).

Genauso ist es mit der Bibel. Ihre Schreiber behaupten, Gottes Botschaft zu uns zu bringen. Und der „Beweis" ist das, was sie im Namen des Vaters sagen. Es ist unsere Entscheidung, ob wir das glauben wollen oder nicht.

Gott spricht immer noch

Ist die Bibel Gottes einziges Wort für uns heute?

Viele Christen glauben, dass die Bibel alles enthält, was wir über ihn wissen müssen und darüber, wie wir das Leben führen können, das er von uns wünscht. Weit verbreitet ist jedoch der Glaube, dass er auch heute noch zu Menschen spricht, wie er es in alter Zeit getan hat: durch die leise, innere Stimme des Heiligen Geistes wie auch durch Prophetie, Träume und Visionen (Apostelgeschichte 2,17). Jedoch glauben ebenfalls die meisten Christen, dass die Bibel der wirkungsvollste Weg ist, die Glaubwürdigkeit einer solchen Botschaft zu prüfen. Wenn eine persönlich empfangene Botschaft der Bibel zuwiderläuft, wird sie als Täuschung angesehen.

Wer ist wer in der Bibel?

Mehr als 3 000 Personen werden in der Bibel namentlich erwähnt. Hier sind zehn der wichtigsten davon:

1. *Noah,* ein Mann, dessen Familie vor der Sintflut, die die Erde von Sünde reinwaschen sollte, verschont wurde (ca. 2 500 v.Chr.). Gott befahl Noah und seinen Söhnen, ein riesiges Boot zu bauen, um sich und die Landtiere zu retten. „Noah war ein frommer Mann und ohne Tadel zu seinen Zeiten." (1. Mose 6,9)

2. *Abraham*, der Stammvater des jüdischen Volkes (ca. 2 100 v.Chr.). Auf Gottes Anweisung verließ er den heutigen Irak und zog in die Gegend des heutigen Israel. Als Abraham dort ankam, versprach ihm Gott: „Schau dich nach allen Seiten um. Dieses ganze Land, das du siehst, werde ich dir und deinen Nachkommen für immer zum Besitz geben. Und ich werde dir so viele Nachkommen schenken, dass man sie nicht zählen kann" (1. Mose 13,14-16; NLB)

Noahs Arche war wie ein schwimmendes Lagerhaus konzipiert. Sie war ca. 135 Meter lang, 22 Meter breit und 13 Meter hoch.

3. *Jakob;* Stammvater der zwölf Stämme Israels (1 900 v.Chr.). Er war Sohn des Isaak und Enkel Abrahams. Jakob hatte zwölf Söhne, deren Nachkommen zu den zwölf Stämmen Israels heranwuchsen. Jeder Stamm nahm dabei den Namen seines Vorfahren an. Das Volk als Ganzes übernahm den Namen, den Gott Jakob gegeben hatte: Israel (1. Mose 32,28).

4. *Mose*, der Führer, der die Israeliten aus der ägyptischen Sklaverei führte, sie in der Wüste als Nation organisierte und sie in ihre Heimat führte (15. oder 13. Jahrhundert v.Chr.). Gott gab Mose die Zehn Gebote und Hunderte anderer Gesetze, die geistliche, zivile und strafrechtliche Angelegenheiten regelten.

5. *David,* Israels populärster König (um 1 000 v. Chr.). Er war nach Saul der zweite König Israels. Er sicherte die Staatsgrenzen und machte Jerusalem zu seiner politischen Hauptstadt. Dann brachte er den heiligsten Gegenstand der Israeliten nach Jerusalem – die Bundeslade (das war eine Kiste, die die Zehn Gebote enthielt). Damit wurde Jerusalem auch zum geistlichen Zentrum Israels. David war auch Musiker, und viele Lieder im Buch der Psalmen werden ihm zugeschrieben.

6. *Salomo,* Davids Sohn und Nachfolger, Erbauer des ersten Tempels (10. Jh.). Die Bibel beschreibt ihn als den reichsten König seiner Zeit, mit einer Weisheit, wie sie „vor dir nicht gewesen ist und nach dir nicht aufkommen wird" (1. Könige 3,12). Er heiratete tausend Frauen und schrieb 1 005 Lieder und 3 000 Sprüche. Viele Sprichwörter im Buch der Sprüche werden ihm zugeschrieben. Tragischerweise betete er im Alter Götzen an, die seine (heidnischen) Frauen verehrten.

7. *Jesaja* (8. Jh.)*,* ein Prophet in Jerusalem, der viele Weissagungen über Jesus aufschrieb, sodass man sein Buch schon „das fünfte Evangelium" genannt hat. Seine berühmteste Prophetie ist eine, von der neutestamentliche Schreiber annehmen, dass sie sich auf Jesu Leiden bezieht. Die jüdische Überlieferung geht davon aus, dass Jesaja durch eine Holzsäge in zwei Teile gesägt wurde – auf Anordnung von Manasse, einem berüchtigten und bösen König Israels.

8. *Maria*, die Mutter Jesu, eine junge Frau, die mit dem Zimmermann Josef verlobt war. Sie war Jungfrau und empfing ihr Kind durch den Heiligen Geist. Nach der Geburtsgeschichte wird sie von den neutestamentlichen Autoren nur noch selten erwähnt.

9. *Petrus,* die Führerpersönlichkeit unter den Jüngern Jesu. Er ist viel-

Die Dreieinigkeit

Das Wort „Dreieinigkeit" findet sich in der Bibel nicht. Kirchenführer prägten diesen Begriff im 3. Jahrhundert n.Chr., um die göttliche Dreiheit zu beschreiben, die durch die ganze Geschichte hindurch wirksam ist.

Gott der Vater, Schöpfer und Erhalter von allem, was existiert. Er ist heilig und vollkommen in Liebe und Gerechtigkeit, allmächtig und ewig. Er wirkt geduldig, um die Menschheit von den schlimmen Folgen der Sünde zu retten.

Gott der Sohn. Jesus Christus – an der Schöpfung mit Gott, dem Vater, beteiligt und von diesem als Mensch auf die Erde geschickt, um für die Sünden der Menschheit zu sterben. Durch Gott wieder zum Leben erweckt, wurde er zur Quelle der zentralen christlichen Glaubensauffassung: Alle, die Jesus vertrauen, werden von ihren Sünden gerettet und werden ewig mit ihm leben.

Gott der Geist, der Mittler der Schöpfung. Er wurde in alttestamentlicher Zeit geschickt, um besonderen Führungsgestalten wie Propheten und erwählten Königen Macht zu verleihen. Nach der Rückkehr Jesu in den Himmel, sandte Gott den Heiligen Geist, um alle Christen auf ihrer geistlichen Reise zu führen.

Nur einmal bezieht sich die Bibel auf alle drei Personen in einem einzigen Vers. Jesus sagte seinen Nachfolgern: „Darum gehet hin und machet zu Jüngern alle Völker: Taufet sie auf den Namen des Vaters und des Sohnes und des Heiligen Geistes" (Matthäus 28,19).

Jahrhundertelang diskutierten Kirchenführer über das Wesen der drei göttlichen Personen. Manche sagten, Jesus sei einfach nur „Gott auf der Erde" und der Heilige Geist ein anderer Name für Gott. Jesus sagte: „Ich und der Vater sind eins" (Johannes 10,30), gleichzeitig betete er aber zu seinem Vater.

Mit der Zeit gaben es die Theologen auf, Erklärungsversuche anzustellen, wie aus dreien eins werden kann. Sie glaubten es, weil die Bibel es so lehrte. Augustinus, ein Theologe im 4. Jahrhundert n.Chr., fasste die allgemeine Meinung zusammen: „Der Vater ist Gott, der Sohn ist Gott, der Heilige Geist ist Gott ... doch sagen wir nicht, dass es drei Götter gibt, sondern einen Gott, die allerhöchste Dreieinigkeit."

leicht am meisten dafür bekannt, dass er während des Prozesses gegen Jesus versucht hat, sich zu schützen, indem er leugnete, dass er ein Jünger Jesu sei. Einige Wochen später indes hielt er in derselben Stadt eine gewaltige Predigt, nach der 3 000 Menschen sich bekehrten und sich einer Bewegung anschlossen, die später zum Christentum wurde. Kirchenführer im 3. Jahrhundert n.Chr. gingen davon aus, dass man Petrus 35 Jahre nach Jesu Tod in Rom kopfüber gekreuzigt hat.

10. *Paulus,* Autor von beinahe der Hälfte der neutestamentlichen Bücher. Er reiste einige zehntausend Kilometer und gründete Gemeinden in weiten Teilen des Römischen Reiches. Hauptsächlich arbeitete er unter Nichtjuden. Mehr als alle anderen Leiter der frühen Kirche entfernte er das Christentum vom Judentum, indem er darauf bestand, dass Nichtjuden, die Christen werden, jüdische Bräuche wie die Beschneidung oder koschere Speisegesetze nicht zu beachten hätten.

Berühmte Orte der Bibel

Die Geschichten der Bibel geschahen überall im Nahen Osten und darüber hinaus – vom heutigen Iran im Osten bis nach Italien oder Ägypten im Westen. Hier sind zehn der berühmtesten biblischen Orte:

1. *Babylon* ist der Name sowohl für eine Hauptstadt als auch für ein Reich, das den Nahen Osten lange dominiert und 586 v.Chr. den Staat Juda von der Landkarte radiert hat. Die Hauptstadt des Reiches lag in der Nähe des heutigen Bagdad. Viele Jahre später eroberten die Perser Babylon und erlaubten den Juden, ihren Staat wieder aufzubauen. Im ersten Jahrhundert n.Chr. wurde Babylon ein Codename für Rom, weil beide Reiche Jerusalem zerstört hatten.

2. *Bethlehem,* Heimatstadt des Königs David und Geburtsort Jesu. „Du, Bethlehem Efrata, bist zwar zu klein, um unter die großen Städte Judas gerechnet zu werden. Dennoch wird aus dir einer kommen, der über Israel herrschen soll. Seine Herkunft reicht in ferne Vergangenheit zurück ... Und er wird der Friede sein" (Micha 5,2.5; NLB). Die Schreiber des Neuen Testaments sahen dies als eine Prophetie auf Jesus.

3. *Kapernaum,* Heimatstadt des Petrus und Stützpunkt Jesu für seinen Dienst. Fast die Hälfte der zwölf Jünger lebte in diesem Fischerdorf am See Genezareth. Hier heilte Jesus viele Menschen und lehrte sie neue Lehren, die die jüdischen Theologen in Zorn brachten.

4. *Ägypten,* die Nation am Nil, ist für den Auszug der Israeliten unter Mose bekannt. Jakob und seine erweiterte Familie waren vor einer Hungersnot nach Ägypten geflohen. Doch ihre Nachkommen wurden dort versklavt. Mose führte sie in die Freiheit. Während der gesamten biblischen Zeit versuchte Ägypten sich als Superweltmacht in Szene zu setzen. Mal verbündeten sie sich zu diesem Zweck mit Israel, mal waren sie Israels Feind.

5. *Israel,* das Land, das Gott den Nachkommen Abrahams zum ewigen Besitz (1. Mose 13,15) versprochen hat. Das jüdische Heimatland wurde zweimal seiner Bewohner beraubt: im 5. Jahrhundert v.Chr. für ca. 50 Jahre nach dem Einmarsch der Babylonier und dann für 1 900

Jahre, nachdem Rom 70 n.Chr. einen jüdischen Aufstand niederge-
worfen hatte. Der moderne Staat Israel wurde 1948 gebildet.

6. *Jerusalem*, Hauptstadt und religiöses Zentrum des Volkes Israel.
König David eroberte diese zuvor winzige Stadt auf einem Berg im
südlichen Israel und machte sie zur Hauptstadt. Sein Sohn Salomo
baute dort auf dem Gipfel den ersten von im Laufe der Jahrhunderte drei jüdischen Tempeln. Dort steht heute der 1 300 Jahre alte
Felsendom, ein muslimisches Heiligtum.

7. *Juda,* der Name des Südstaates Israel nach der Teilung des
Gesamtreichs. Der Nordstaat führte den Namen Israel weiter. Der
Name des Südstaats leitete sich vom größten südlichen israelitischen
Stamm Juda ab.

8. *Der Berg Sinai,* auf dem Gott Mose die Zehn Gebote und viele
andere im Alten Testament aufgeschriebenen Gesetze gab. Einige
Monate zuvor war Gott dem Mose in der Nähe in einem brennenden Dornbusch erschienen und hatte ihn dazu berufen, die Israeliten aus Ägypten zu befreien.

9. *Der See Genezareth,* ein Süßwassersee, dessen Ufer zur Bühne für
die meisten Wunder und Lehren Jesu wurde. Einige seiner Jünger
fischten dort, als er sie einlud, ihm zu folgen. Jesus ging auf dem

Fischer fahren die Küste des Sees Genezareth entlang, ein Süßwassersee, an dem einige Jünger Jesu als Fischer arbeiteten.

Wasser dieses Sees, und er nutzte die am Seeufer gelegene Stadt Kapernaum als seinen Stützpunkt.

10. *Nazareth*, ein Bergdorf in Nordisrael, in dem Jesus als Zimmermannssohn aufwuchs. Als er später als berühmter Prophet dorthin zurückkehrte, lehnten ihn die Dorfbewohner ab und versuchten, ihn über eine Felsklippe zu stürzen, „doch er schritt mitten durch sie hindurch und ging fort" (Lukas 4,29-30).

Wie man die Bibel lesen kann

Denken Sie nicht, die Bibel sei ein Buch!

Sie ist vielmehr eine Bibliothek mit 66 Büchern, geschrieben von einer ansehnlichen Zahl von Autoren. Jeder von ihnen hatte einen unterschiedlichen Grund, warum er schrieb, und jeder lebte in einer anderen Situation – und dies erstreckte sich über mehr als ein Jahrtausend.

Wir lesen Geschichtsberichte nicht genauso wie einen emotionsgeladenen Brief. Und wir lesen die stilisierten Werke eines Dichters nicht genauso wie die präzise Prosa eines Rechtsanwalts. Wenn ein Rechtsanwalt sagt, die Strafe für Ehebruch ist Tod, nehmen wir das womöglich wörtlich. Wenn indessen ein Dichter das sagt, fragen wir uns, ob nicht Ehebruch und Tod Symbole für etwas anderes sein könnten. Tatsächlich bezieht „Ehebruch" sich in der Bibel manchmal auf Israels Sünde: Die Israeliten haben Gott verlassen und Götzen gedient. „Tod" wiederum kann sich auf das beziehen, was Israel passiert ist, als Gott Angreifer schickte, um das Volk zu bestrafen.

Um die Bedeutung einer bestimmten Aussage in der Bibel zu erfassen, lohnt es sich, verschiedene Fragen zu stellen:

Welche Art Literatur liegt vor?

Es gibt in der Bibel Gesetze, Geschichtsberichte, Dichtung, Liedtexte, Sprichwörter, Prophetien, Augenzeugenberichte über Jesus und Briefe.

Ein oft missverstandener Schreibstil ist die apokalyptische Prophetie, die wir in einigen der Schriften Daniels, Hesekiels und Sacharjas sowie im ganzen Buch der Offenbarung finden. Dies sind Warnungen vor einer kommenden Katastrophe, die sich oft auf das Ende der Menschheitsgeschichte zu beziehen scheinen. Viele Leser nehmen diese prophetischen Aussagen wörtlich. Doch der Schreibstil, in dem Menschen in Zeiten der Unterdrückung schrieben, erforderte Codesprache und Symbole, um es den Unterdrückern (Rom zur Zeit der Offenbarung) zu erschweren zu verstehen, worüber die Autoren schrieben.

In jüngster Vergangenheit, während der Krisen im Nahen Osten, war es geradezu eine Versuchung zu spekulieren, dass das Wort „Babylon" in der Offenbarung eine wörtliche Bezugnahme auf den Irak ist, weil die Ruinen Babylons in den Außenbezirken Bagdads liegen. Doch unter den Juden in neutestamentlicher Zeit war „Babylon" ein Codewort für Rom, und zwar deshalb, weil die Römer – wie die Babylonier 600 Jahre zuvor – Jerusalem und seinen Tempel zerstört hatten.

Die Poesie der Psalmen – und auch in biblischer Prophetie ist Poesie eingewoben – wird ebenso häufig missverstanden. Leser nehmen die Worte der Psalmisten wörtlicher, als diese es beabsichtigt hatten.

Wer schrieb den Text und aus welchem Anlass?

Für viele Bibelleser lesen sich die Bücher 1. und 2. Chronik wie eine versüßte Version der Geschichten aus den Samuel- und Königebüchern

Römische Soldaten tragen den geplünderten Schatz aus dem von ihnen zerstörten Jerusalemer Tempel. Diese in Stein gemeißelte Szene feiert die Niederschlagung des jüdischen Aufstands durch die Römer 70 n.Chr. Der Tempel wurde nie wieder aufgebaut.

– ohne die Schattenseiten der Geschichte Israels wie etwa Davids Ehebruch mit Batseba und den Mord an ihrem Ehemann.

Doch die Chronikbücher wurden viel später geschrieben. Die Juden kannten die traurige Geschichte ihrer Vergangenheit nur allzu gut. Die Schreiber der Chronikbücher versuchten, sorgfältig Geschichten auszuwählen, die dem Volk Ermutigung für die Zukunft bieten konnten. Damals kehrten die Juden gerade aus dem Exil in ihr verwüstetes Staatsgebiet zurück. Sie hatten ihren Bund mit Gott gebrochen, indem sie ihm ungehorsam geworden waren, und sie mussten unter den Konsequenzen leiden. Als sie in der Asche Jerusalems standen, fürchteten sie, nicht mehr länger Gottes Volk zu sein. Die Verfasser der Chronikbücher benutzten daher eine optimistische Version der Geschichte des Volkes, um den Israeliten zu versichern, dass Gott immer mit ihnen gewesen war – und es immer noch ist. Sie waren noch immer auserwählt.

Im Neuen Testament überschneiden sich die vier Evangelien in ihren Jesus-Geschichten ein wenig. Doch hat jeder Schreiber einen eigenen Stil, der unterschiedliche Schwerpunkte herausstellt. Matthäus möchte zeigen, dass Jesus die alttestamentlichen Prophetien über den Messias erfüllt hat. Darum zitiert er beinahe 60 Prophezeiungen. Johannes will Leser davon überzeugen, dass Jesus Gott ist, darum richtet er seinen Text auf Jesu Lehren und Wunder aus, die seine Göttlichkeit zeigen sollen.

Welchen geschichtlichen Hintergrund haben die Texte?

Wenn wir nicht wissen, wie sehr sich die Juden und Samariter hassten, wird uns nicht klar, dass die Geschichte vom barmherzigen Samariter für die jüdischen Führer ein Schlag ins Gesicht war.

Juden sahen Samariter als Mischlinge im Hinblick auf Rasse und Religion an. Im 7. Jahrhundert v.Chr. überrannten die Assyrer Samaria im Norden Israels und siedelten dort Menschen aus ihren Reihen an. Viele überlebende Juden heirateten schließlich diese Siedler und integrierten offensichtlich einige Aspekte der fremden Religion in den jüdischen Glauben.

Die 700 Jahre dauernde Feindseligkeit zwischen den Juden und Samaritern – die nun auf gleichem Staatsgebiet lebten – nahm immer

Wie findet man eine Bibelstelle?

Viele Bücher zur Bibel – inklusive dieses – benutzen einen allgemein gebräuchlichen Schlüssel, um Leser auf eine Bibelstelle hinzuweisen. Wird man auf Johannes 3,16 verwiesen, liest man:

Johannes = das biblische Buch

3 = Kapitel

16 = Vers

mehr zu, bis sie so stark war, dass man sie durchaus mit dem heutigen Hass und dem Misstrauen zwischen Juden und Palästinensern vergleichen kann. Juden, die von Jerusalem nach Galiläa und zurück reisten, nahmen einen langen Umweg um Samaria herum – ein Gebiet genau zwischen den beiden anderen Regionen – in Kauf.

In einem Gleichnis Jesu (das schließlich in der Aussage „Liebe deinen Nächsten" gipfelt) wird ein jüdischer Mann ausgeraubt und beinahe zu Tode geprügelt, als er auf dem einsamen Weg zwischen Jericho und Jerusalem unterwegs ist. Ein jüdischer Priester kommt vorbei und ignoriert das Opfer. Ein Tempeldiener tut dasselbe. Es ist dann ein Samariter, der dem jüdischen Mann hilft und für dessen Pflege auch noch bezahlt.

Ein Nächster, wie Jesus hier plastisch ausmalt, ist der, der unsere Hilfe braucht. Also jeder. Für Vorurteile gibt es unter den Bürgern des Reiches Gottes keinen Platz.

Tipps für das Bibellesen

- **Lesen Sie regelmäßig.** Egal, ob wir Morgen- oder Abendmenschen sind: Wir können uns eine regelmäßige Zeit setzen, in der wir die Bibel lesen, sei es am Tagesbeginn, in der Mittagspause oder am Ende des Tages.
- **Wählen Sie Leseeinheiten, die Sie überblicken können.** Manche Menschen haben Zeit, um mehrere Kapitel der Bibel am Tag zu lesen. Andere schaffen nur ein paar Verse. Ob wir nun gedruckte oder digitale Bibeln lesen: Wir können unseren Lesestoff so zuschneiden, dass er in unseren Zeitplan passt. Entscheidend ist: Solange wir nicht wenigstens *etwas* aus der Bibel lesen, kann sie uns auch nichts Gutes tun.

Hundert Stunden lang

Man kann die Bibel bei normalem Tempo in weniger als 100 Stunden vorlesen.

- **Suchen Sie eine verständliche Bibelübersetzung.** Die Lutherbibel ist in älteren Versionen heute für die meisten sehr schwer verständlich. Und auch in den jüngsten Ausgaben ist manches nicht einfach zu verstehen. Viele sind der Ansicht, dass in Bezug auf die Schönheit der Sprache

---

Hilfsmittel zum Bibelstudium

- **Studienbibeln.** Diese Bibeln weisen Erklärungen am Rand oder in Fußnoten auf, die Fragen zu Bibelstellen beantworten sowie ergänzende Informationen, etwa über historische Hintergründe, bieten.

- **Einführungsbücher.** Bücher wie das vorliegende stellen Einsteigern die Bibel vor und geben Hinweise dazu, wie man mehr vom Bibelstudium profitieren kann.

- **Einbändige Kommentare.** Diese enthalten ausführlichere Anmerkungen als eine Studienbibel und bieten Erkenntnisse zu jedem Buch der Bibel. Es gibt auch einbändige Bibelkommentare, die nur ein Buch der Bibel auslegen.

- **Atlas.** Ein guter Bibelatlas bietet eine Kartensammlung, die wichtige biblische Geschichten illustriert, wie etwa Abrahams Reisen bis ins heutige Israel oder den Auszug Israels aus Ägypten unter Mose. Manche Atlanten stellen sogar Truppenbewegungen bei Schlachten dar, wie etwa Josuas Eroberung des verheißenen Landes.

- **Bibellexika.** Diese enthalten kurze Artikel über Menschen, Plätze, Sitten, Lehren und Gegenstände – nahezu alle Hintergrundinformationen, die man sich denken kann. Viele dieser Bücher sind reich illustriert, was das Verständnis umso mehr fördert.

- **Bibelstudien-Software.** Hierbei handelt es sich um digitale Büchereien, die all die anderen vorgestellten Werke enthalten können – und normalerweise noch viel mehr. Die Kosten einer solchen digitalen Buchsammlung sind weit geringer als dasselbe Material in gedruckter Form. Nicht selten enthält solche Software verschiedene Bibelübersetzungen, mehrere Kommentare und hin und wieder Andachtsbücher.

---

moderne Bibelübersetzungen nicht mithalten können. Doch die Schönheit des Tonfalls und der lyrische Wortfluss sind wertlos, wenn wir nicht verstehen, was gemeint ist. Die Botschaft, nicht der Schreibstil, ist das Wichtigste. Wir sollten eine Übersetzung wählen, die unsere Sprache spricht.

- **Lesen Sie die Bibel nicht wie einen Roman.** Vielen Menschen, die am Anfang der Bibel mit Lesen beginnen, geht bei den merkwürdigen Gesetzen und langen Stammbäumen die Puste aus. Wir sollten die Bibel wie eine Bibliothek lesen. Suchen Sie ein Buch heraus, das Sie interessiert! Vielleicht eine Geschichte über Jesus – das Markusevangelium ist das kürzeste und besonders lebendig. Oder vielleicht einen Brief, der sagt, wie wir als Christ leben sollen, etwa Epheser oder Philipper. Widerstehen Sie aber der Versuchung, das endzeitliche Buch der Offenbarung als Erstes zu lesen. Selbst Bibelexperten kämpfen immer noch damit, es richtig zu verstehen.

- **Antworten Sie auf das, was Sie lesen.** Denken Sie über die Worte nach. Die Wahrheit der Bibel kann unsere Standpunkte neu

Beliebte Bibelstudienmethoden

Es gibt zwar sehr viele Möglichkeiten, die Bibel zu studieren, aber die gebräuchlichsten sind:

- **Buch für Buch:** Man wählt ein Buch der Bibel aus und liest es ganz durch – vielleicht jeweils ein Kapitel oder einige Verse. Wenn das Gelesene eine Frage auslöst, kann man in den zuvor genannten Hilfsmitteln zum Bibelstudium nachschlagen.

- **Nach Themen:** Wählen Sie ein markantes Thema wie „Gebet", „Scheidung" oder „Himmel", und lesen Sie alle Bibelstellen, die damit zu tun haben. Eine Themenkonkordanz kann dabei helfen. Sie listet – in der Regel alphabetisch – unterschiedliche Themen auf nebst den dazugehörigen Bibelpassagen.

Doch ein wenig Vorsicht sei bei der thematischen Methode angebracht: Beachten Sie den Zusammenhang jeder Bibelstelle! Manches mag sich da lediglich auf eine spezielle Situation in alter Zeit beziehen, während anderes wieder als allgemeine Wahrheit für alle gilt.

ausrichten und unser Leben hell machen. Paulus erklärt die Aufgabe der Bibel in einem Brief an seinen Freund: „Die ganze Schrift ist von Gottes Geist eingegeben und kann uns lehren, was wahr ist, und uns erkennen lassen, wo Schuld in unserem Leben ist. Sie weist uns zurecht und erzieht uns dazu, Gottes Willen zu tun." (2. Timotheus 3,16; NLB)

Die Bibel, die Jesus las

Ein kurzer Überblick

Die Bibel, die Jesus las, und die wir Christen das Alte Testament nennen, ist ungefähr dreimal so lang wie das Neue Testament. Es handelt sich also um drei Viertel der ganzen Bibel.

Möglicherweise dauerte es über tausend Jahre, bis die Juden die 39 Bücher des Alten Testaments zusammengestellt hatten – von der Zeit des Königs David bis zu Jesus. Genau genommen waren zur Zeit, als Jesus um 30 n.Chr. sein Wirken begann, die jüdischen Schriften ein paar Hundert Jahre alt – oder weniger.

Das Alte Testament zeigt in seinen Geschichten Gott bei der Arbeit in der Welt, lange bevor das jüdische Volk sich entwickelte und lange nachdem der Staat Israel in den Schatten mächtiger Reiche wie Assyrien, Babylonien, Persien, der Griechen und Römer geraten war.

Die Höhepunkte der Bibel, die Jesus als Kind las, beinhalteten:

- Gott schuf alles, was existiert.
- Die Menschen wollten Gott ungehorsam sein und entfernten sich von ihm.
- Gott schickte eine Flut, die alles außer der Familie des gerechten Noah tötete – gleichzeitig ein Neubeginn für die Menschheit.
- Gott erwählte Abraham zum Stammvater der Juden – eine Nation, die ausgewählt wurde, um der Welt zu zeigen, wie Gerechtigkeit aussieht.
- Die Israeliten ließen Gott im Stich und brachen selbst die grundlegendsten Gesetze.
- Gott schickte Angreifer, um Israel von der Landkarte auszulöschen und die Überlebenden im Ausland zu verstreuen.
- Gott bringt den Rest der Juden wieder nach Hause, er vergibt ihnen – also wieder ein Neubeginn.

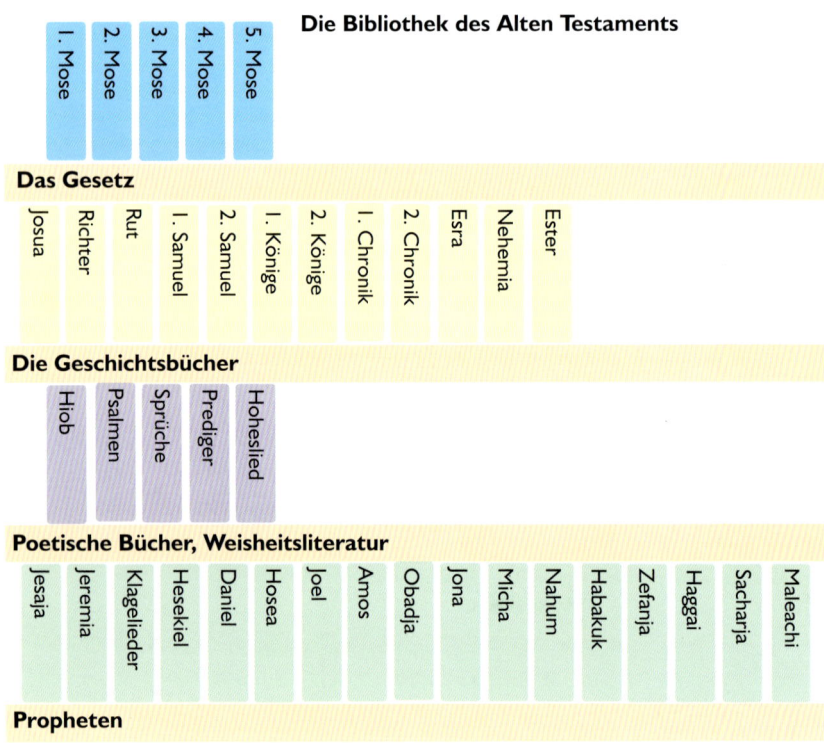

Die Bibliothek des Alten Testaments

1. Mose · 2. Mose · 3. Mose · 4. Mose · 5. Mose

Das Gesetz

Josua · Richter · Rut · 1. Samuel · 2. Samuel · 1. Könige · 2. Könige · 1. Chronik · 2. Chronik · Esra · Nehemia · Ester

Die Geschichtsbücher

Hiob · Psalmen · Sprüche · Prediger · Hoheslied

Poetische Bücher, Weisheitsliteratur

Jesaja · Jeremia · Klagelieder · Hesekiel · Daniel · Hosea · Joel · Amos · Obadja · Jona · Micha · Nahum · Habakuk · Zefanja · Haggai · Sacharja · Maleachi

Propheten

Buch für Buch

1. Mose/Genesis

• In einem Absatz zusammengefasst

Gott erschafft eine vollkommene Welt und ein Menschenpaar, das über sie herrschen soll. Diese Menschen brechen Gottes einziges Gesetz, indem sie eine verbotene Frucht essen. Diese Sünde zerstört die bis dahin enge Beziehung mit Gott und schädigt die Schöpfung. Zehn Generationen später hat dann die Sünde so sehr um sich gegriffen, dass Gott die Welt überflutet und jeden Menschen außer Noah und seiner Familie tötet – gleichzeitig ein Neubeginn. Später beruft Gott einen gerechten Mann namens Abraham, damit dieser ins heutige Israel zieht. Er wird Stammvater der Israeliten, eines Volkes, das für Gott leben soll. Abrahams Enkel Jakob zieht mit seiner erweiterten Familie während einer Dürreperiode nach Ägypten. Dort werden sie zu einem Volk heranwachsen und in die Sklaverei geraten, aus der sie durch Mose befreit werden.

Wozu ist diese alte Geschichte heute gut?

Das Modernste, was die Bibel aufzuweisen hat, ist ca. 2 000 Jahre alt. Das war die Zeit, als Jesus lebte und die letzten Bücher dieser antiken Sammlung verfasst wurden. Manches Material ist noch mehr als tausend Jahre älter und reicht bis in die Zeit des Mose zurück.

Wie können diese Schriften heute noch von Bedeutung sein? Wir wissen alle: Heutzutage neigt eine Generation dazu, Erfahrungen und Ratschläge der vorherigen Generation als veraltet zurückzuweisen. Und immerhin reden wir, wenn wir über die Bibel sprechen, von mehr als hundert Generationen – und das gilt nur für das jüngere Material.

Doch dieses Buch unserer Altvordern ist über alle Jahre ein Bestseller geblieben, spätestens seit Johannes Gutenberg sie im 15. Jahrhundert zu drucken begann – als erstes Objekt für seine gerade erfundene Druckerpresse.

- **Biblische Prinzipien gelten noch heute.** Die Bibel enthält eine Menge Gedanken, die nicht in unsere heutige Zeit passen. Das System der Sozialfürsorge zum Beispiel trug Sorge um Witwen, die keine Söhne hatten – doch es tat es in der Weise, dass der Bruder des verstorbenen Ehemanns die Frau heiraten musste. Dadurch wurden Frauen (die selbst kein Eigentum besitzen durften) vor Sklaverei und Prostitution bewahrt. Dieses System mag für uns nicht mehr bedeutsam sein, doch das Prinzip, den Hilflosen zu helfen, ist heute so wichtig, wie es immer war. Die schutzlosesten Menschen zur Zeit der Bibel waren Witwen, Waisen und Einwanderer. Es liegt an uns, festzustellen, wer heute die Schutzlosesten sind – und ihnen dann zu helfen.

- **Die wichtigsten Lehren der Bibel sind zeitlos.** Die Botschaft der Bibel dreht sich um die Zehn Gebote. Die meisten von ihnen sind bleibende Grundlage für die Gesetzgebung in Ländern überall in der Welt. Die Zehn Gebote sind in einem Satz zusammengefasst, der auch als „Goldene Regel" bekannt ist: „Behandle andere so, wie du selbst behandelt werden möchtest." Diejenigen, die schon seit einigen Jahrzehnten auf diesem Planeten weilen, wissen den Wert dieser Lehre zu schätzen. Wenn wir lächeln, werden wir wahrscheinlich ein Lächeln zurückbekommen. Wenn wir jemanden anknurren, können wir erwarten, dass zurückgeknurrt wird.

- **Wir lernen aus den Fehlern und Erfolgen anderer.** Die Bibel ist voller Fallstudien – oft von Leuten, die ihre Lektionen auf die harte Tour lernten: Lektionen darüber, was passiert, wenn wir Ehebruch begehen, jemanden in der Familie bevorzugen oder um des Geldes willen die Armen ausbeuten. Wenn wir diese Fallstudien lesen, können wir von ihnen lernen. Es ist ein wenig wie auf der Universität, nur: Statt aus der Erfahrung einer Professorengeneration lernen wir aus der Erfahrung zahlloser Generationen. Und über 2000 Jahre hinweg sind diese Lektionen von Christen bestätigt worden – sie haben den Zeittest bestanden und werden heute noch in aller Welt respektiert.

Nachbildung der Werkstatt und der Druckerpresse von Johannes Gutenberg. Ihr entstammte die erste gedruckte Bibel der Geschichte.

Keine Chronologie

Es liegt nahe, den Fehler zu machen zu denken, die Bibel würde sich an eine Chronologie halten. In der Tat beginnt sie am Anfang mit dem Schöpfungsbericht in 1. Mose. Und sie endet mit dem Ende der menschlichen Geschichte mit den Visionen der Offenbarung über die Endzeit. Doch diese heilige Bibliothek ist mit ihren 66 Büchern nicht konsequent chronologisch sortiert. Wäre das der Fall, wäre Hiobs Geschichte wohl ins 1. Buch Mose eingeflochten worden, in der Nähe der Geschichten über Abraham und Isaak. Stattdessen erscheint Hiob als 18. Buch der Bibel, direkt nach der Geschichte von Ester – obwohl Hiob mindestens tausend Jahre vor Ester gelebt hat.

Wie die Bücher der Bibel schließlich in die Reihenfolge kamen, in der wir sie vorfinden, ist ein wenig kompliziert und rätselhaft. Zum Beispiel wurden die Bücher des Alten Testaments von den Juden aufgeteilt in: Gesetz, Geschichtsbücher, Weisheit und Propheten. Und im Neuen Testament sind die Briefe des Paulus normalerweise der Länge nach geordnet. Darum steht der 16 Kapitel umfassende Römerbrief am Anfang und der Philemonbrief mit nur 25 Versen am Ende der Reihe der Paulusbriefe.

- **Zentraler Gedanke**

Gott ist der Ursprung und der Erhalter der Schöpfung, und er beruft ein Volk, das ihm dienen soll.

- **Autor/Zeit**

Autor ungenannt, nach jüdischer Tradition Mose (15. oder 13. Jahrhundert v.Chr.)

- **Hauptpersonen**

Adam und **Eva**, die ersten Menschen
Noah, der die Arche baute und die Flut überlebte
Abraham, sein Sohn **Isaak** und sein Enkel **Jakob**, Stammväter der Israeliten
Josef, einer der Söhne Jakobs, der als Sklave nach Ägypten verkauft wurde

- **Wichtige Szene**

In sechs Tagen, einer Zeitspanne, von der manche meinen, sie dürften nicht als 24-Stunden-Tage aufgefasst werden, erschafft Gott alles im ganzen Universum. Am siebten Tag ruht er – was die Juden später mit ihrem Sabbat ebenfalls praktizierten (1. Mose 1,1 - 2,2)

- **Bekannter Vers**

„Am Anfang schuf Gott Himmel und Erde." (1. Mose 1,1)

2. Mose/Exodus

- **In einem Absatz zusammengefasst**

Jakobs Großfamilie (70 Personen), die nach Ägypten emigriert war, um vor einer Dürreperiode in Israel zu fliehen, wächst in die Tausende. Der ägyptische Pharao fürchtet, dass die Israeliten zu mächtig würden, und versklavt sie. Nach 430 Jahren in Ägypten – von denen wir nicht wissen, wie viel davon sie in Sklaverei zubringen mussten – werden sie durch Mose in die Freiheit geführt. Doch dazu bedarf es zehn Plagen, um den Pharao zu veranlassen, sie ziehen zu lassen. Und

Schöpfung in sechs Tagen?

Gott schuf – so sagt die Bibel – das Universum in sechs Tagen. Aber waren das 24-Stunden-Tage? Nicht notwendigerweise, argumentieren manche Bibelexperten. Bis zum vierten Tag existierten gar keine 24-Stunden-Tage. Erst da schuf Gott Sonne und Mond, „die da scheiden Tag und Nacht und geben Zeichen, Zeiten, Tage und Jahre" (1. Mose 1,14). Die sechs Tage könnten sich einfach auch nur auf eine unbekannte Zeitstrecke beziehen – vielleicht Sekunden, Tage oder ganze Zeitalter.

nachher ändert der Herrscher seine Meinung wieder und führt seine Streitwageneinheit an, um die Israeliten zurückzuholen. Als sie den Flüchtigen nacheilen, ertrinken sie auf dem Fluchtweg Gottes für die Israeliten: einem Weg durch das Meer. Für etwa ein Jahr lagern die Israeliten am Berg Sinai, wo Mose die Zehn Gebote und Hunderte anderer Gesetze empfängt, die dazu dienen sollen, das Volk zu einem Staat zu organisieren.

Ramses II., der Pharao, mit dem Mose womöglich zu tun hatte, verehrt hier gemeinsam mit seiner Frau, Königin Nefertari, die Himmelsgöttin Hathor.

• Zentraler Gedanke

Gott tritt in die Menschheitsgeschichte ein und befreit auf wunderbare Weise die Israeliten aus der ägyptischen Sklaverei. Er baut sie als unabhängige Nation mit einem einzigartigen Gesetzeskodex auf.

Die Zehn Gebote

Die Zehn Gebote sind zehn kurzgefasste Gesetze, auf denen alle anderen jüdischen Gesetze basieren. Bevor Mose diese zehn Gesetze auf Stein geschrieben überbrachte, verkündete Gott diese vom Berg Sinai aus zu den erschrockenen Israeliten, die auf der Ebene unterhalb des Berges versammelt waren (2. Mose 19-20).

1. Bete nur Gott an.

2. Mach keine Götzenbilder.

3. Sprich den Namen Gottes nicht respektlos aus.

4. Respektiere deine Eltern.

5. Ruhe für einen Tag in der Woche aus.

6. Töte nicht.

7. Begehe keinen Ehebruch.

8. Stiehl nicht.

9. Lüge nicht.

10. Beneide andere nicht, und sehne dich nicht nach dem, was diese besitzen.

- *Autor/Zeit*
Autor ungenannt, nach jüdischer Tradition Mose (15. oder 13. Jahrhundert v.Chr.)

- *Hauptpersonen*
Mose, der die Israeliten aus Ägypten herausführt
Aaron, der ältere Bruder des Mose und sein Helfer
der **Pharao** (König) von Ägypten

- *Wichtige Szene*
Die Israeliten sitzen zwischen ägyptischen Streitwagen und einer großen Menge Wasser in der Falle. Doch durch eins der berühmtesten Wunder der Bibel können sie entkommen: Gott schickt einen die ganze Nacht andauernden Wind, der einen Pfad durch das Meer trocknet. (2. Mose 14)

- *Bekannter Vers*
„Lass mein Volk ziehen." (2. Mose 5,1)

3. Mose/Levitikus

- *In einem Absatz zusammengefasst*
Die Israeliten lagern etwa ein Jahr beim Berg Sinai und organisieren während dieser Zeit ihr Gemeinwe-

Milliardenfach brachen im Jahr 2004 Heuschrecken über Ägypten herein – wie die Bibel es auch von der Zeit des Mose berichtet, als zehn Plagen den Pharao davon überzeugten, die Israeliten freizulassen.

Waren die zehn Plagen Naturkatastrophen?

Manche Bibelexperten meinen, dass die zehn Plagen, die den Pharao davon überzeugten, die Israeliten freizulassen, eine Serie von Naturkatastrophen gewesen sein könnte, von denen eine die andere ausgelöst hat.

1. Der Nil färbt sich rot. Durch Überschwemmungen in den Sumpfgebieten nehmen rote Giftalgen rapide zu (Algenblüte). Eine ägyptische Geschichte aus der Zeit des Mose berichtet von einem ähnlichen Ereignis: „Der Fluss ist Blut. Menschen weigern sich zu trinken."

2. Frösche. Möglicherweise sind Frösche vor dem verseuchten Wasser geflohen und dann gestorben.

3. Insekten. Vielleicht haben Moskitos oder Stechmücken in den von der Flut zurückgelassenen Teichen gebrütet.

4. Fliegen. Sie legten ihre Eier in verrottendem Material wie nassem Getreide oder toten Fröschen ab.

5. Krankes Vieh. Vielleicht durch Milzbrand, durch Insekten übertragen.

6. Beulen. Milzbrand und Insektenstiche verursachten Blasen und Beulen.

7. Hagel. Ein dort übliches Vorkommnis.

8. Heuschrecken. Ebenfalls üblich.

9. Drei Tage Dunkelheit. Eventuell durch Chamsin-Winde aus der Wüste Sahara ausgelöste Sandstürme.

10. Tod der Erstgeburt. Die ältesten und damit bevorzugten Kinder bekamen manchmal mehr zu essen – vielleicht auch schimmel- oder bakterienverseuchte Nahrung.

Indessen bestehen andere Gelehrte darauf, dass es ein Irrweg sei, nach natürlichen Erklärungen zu suchen. Entscheidend sei nicht, wie die Israeliten befreit wurden, sondern durch wen. Es war Gott, der sie befreite – ihm gefiel es, so zu handeln.

sen. Durch Mose erlässt Gott ca. 600 Gesetze, die Israel als einzigartige und Gott hingegebene Nation auszeichnen sollten. Einige Gesetze sind religiöser Natur und schreiben vor, wie Gott mittels Opfer anzubeten ist. Andere regeln das Zusammenleben oder die Strafen für Verbrechen. Das Volk baut ein tragbares Gottesdienstzentrum – ein Zelt, häufig „Stiftshütte" genannt. Aaron wird der erste Hohepriester der Nation und somit verantwortlich für den Gottesdienst.

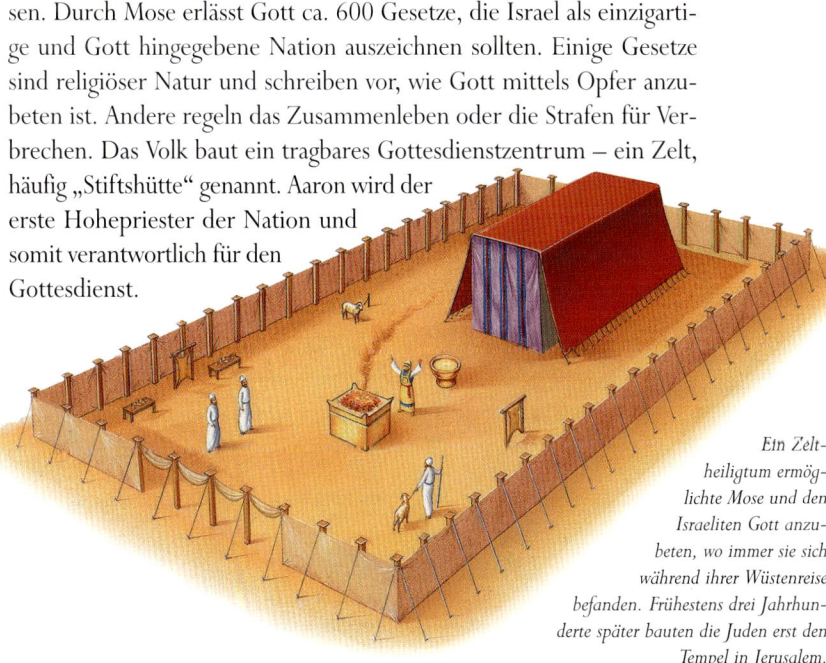

Ein Zeltheiligtum ermöglichte Mose und den Israeliten Gott anzubeten, wo immer sie sich während ihrer Wüstenreise befanden. Frühestens drei Jahrhunderte später bauten die Juden erst den Tempel in Jerusalem.

* **Zentraler Gedanke**

Gott ist heilig, und sein Volk muss heilig sein, das meint: Gott ganz und gar hingegeben. Die Gesetze und Rituale, die Gott ihnen gibt, sind zu dem Zweck bestimmt, sie als Volk aufzubauen, das von Sünde getrennt ein Gott geweihtes Leben führt.

* **Autor/Zeit**

Autor ungenannt, nach jüdischer Tradition Mose (15. oder 13. Jahrhundert v.Chr.)

* **Hauptpersonen**

Mose, Führer der israelitischen Flüchtlinge
Aaron, Moses Bruder, der Hohepriester wurde

Die Halbinsel Sinai – wo Mose und die Israeliten ungefähr ein Jahr lagerten – ist heute ein dürres Gebiet. Wasser und Vegetation sind Mangelware.

* **Wichtige Szene**

Aaron und seine Söhne werden als Israels erste Priester ordiniert. Sie werden zukünftig die Gottesdienstrituale leiten, die auf einem neuen System von Tieropfern beruhen (3. Mose 8).

* **Bekannter Vers**

„Darum sollt ihr euch heiligen, sodass ihr heilig werdet, denn ich bin heilig." (3. Mose 11,44)

4. Mose/Numeri

* **In einem Absatz zusammengefasst**

Mose und die Israeliten brechen ihre Zelte am Sinai ab und ziehen nordwärts in Richtung des heutigen Israel – das Heimatland, die Gott ihnen versprochen hat. Obwohl Gott viele Wunder tut, sind sie schnell bei der Hand sich zu beklagen. Als sie die Grenze Kanaans erreichen und von Riesen und ummauerten Städten hören, weigern sie sich, in das Land zu ziehen. Daraufhin befiehlt Gott, dass sie 40 Jahre lang draußen bleiben müssen. Er wird warten, um eine jüngere und mutigere Generation ins Land zu führen.

* **Zentraler Gedanke**

Gott bestraft Sünde – eine Tatsache, die er in

Blutige Opfer – warum?

Beinahe von Anfang der Menschheitsgeschichte sind Tiere wegen der Sünde der Menschen gestorben – seit Adam und Eva im Garten Eden gesündigt hatten und Gott Kleidung aus Tierfellen machte, um ihre Nacktheit zu bedecken.

Doch warum hat Gott später die Israeliten angewiesen, Vergebung durch das Opfern von Tieren zu suchen?

„Denn das Leben eines jeden Geschöpfes ist in seinem Blut. Ich habe euch das Blut gegeben, damit ihr dadurch Wiedergutmachung für eure Sünden bewirken könnt. Das Blut bringt euch Wiedergutmachung, weil das Leben in ihm ist". (3. Mose 17,11; NL)

Sünde ist eine ernste Sache – in Gottes Augen ein todeswürdiges Verbrechen.

Die Sünde Adams und Evas brachte den Tod in die Welt hinein. Tieropfer dienten nicht nur zur bildlichen Erinnerung daran, wie ernst Sünde zu nehmen ist – sie dienten auch als Stellvertretung für die Sünder.

Die Kreuzigung Jesu machte dieses Opfersystem überflüssig. Nun müssen die Menschen nicht länger Tiere opfern, wenn sie gesündigt haben, weil der stellvertretende Tod Jesu sie für immer vor Gott gerecht macht.

„Er hat es nicht nötig wie jene Hohenpriester, täglich zuerst für die eigenen Sünden Opfer darzubringen und dann für die des Volkes; denn das hat er ein für alle Mal getan, als er sich selbst opferte." (Hebräer 7,27)

---

der Bibel viele Male veranschaulicht, aber am eindrücklichsten in der Bestrafung der Israeliten zu 40 Jahren in der Wüste, weil sie sich weigern, das verheißene Land einzunehmen.

• *Autor/Zeit*
Autor ungenannt, nach jüdischer Tradition Mose (15. oder 13. Jahrhundert v.Chr.)

• *Hauptpersonen*
Mose, Führer der israelitischen Flüchtlinge
Aaron, Moses Bruder und Israels Hohepriester
Josua, Krieger und Kundschafter

• *Wichtige Szene*
Ein Dutzend Kundschafter, Josua eingeschlossen, kehrt mit einem ziemlich durchwachsenen Bericht über das verheißene Land (heute Israel) zurück: Es ist fruchtbar, hat aber große befestigte Städte – und unter ihren vielen Einwohnern gibt es Riesen. Entsetzt weigern sich die Israeliten, in das Land einzudringen (4. Mose 13-14).

• *Bekannter Vers*
„Der Herr segne dich und behüte dich; der Herr lasse sein Angesicht leuchten über dir und sei dir gnädig; der Herr hebe sein Angesicht über dich und gebe dir Frieden." (4. Mose 6,24-26)

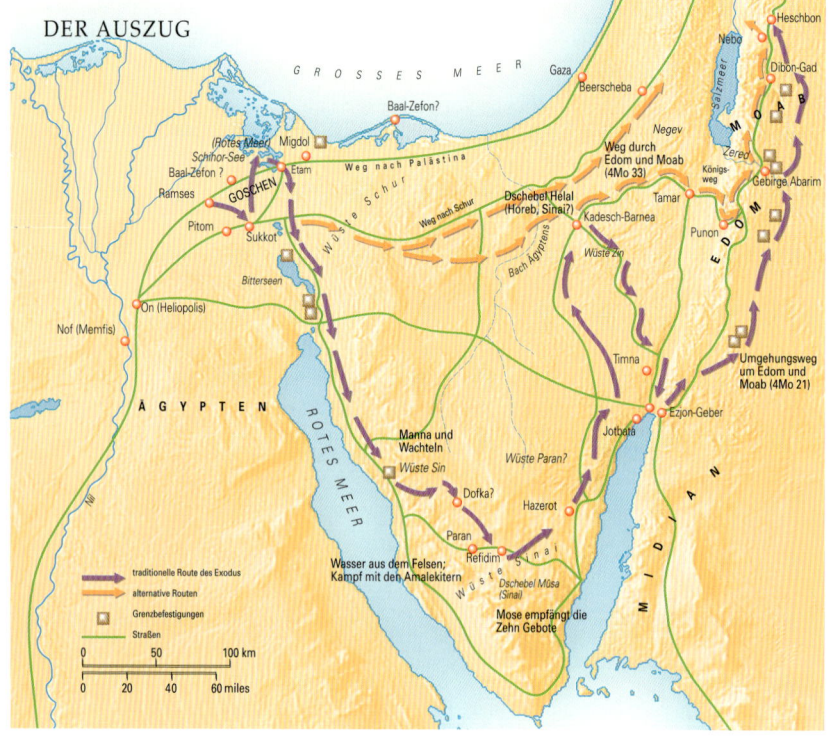

Die Route des Exodus von Ägypten ins heutige Israel.

5. Mose/Deuteronomium

• In einem Absatz zusammengefasst

Die Israeliten sind bereit, von ihrem im heutigen Jordanien gelegenen Lager aus in das verheißene Land einzumarschieren. Nun müssen sie aber zunächst Abschied von dem einzigen Führer nehmen, den die meisten von ihnen je kennengelernt haben: Mose wird sterben. Kurz vorher versammelt er das Volk und erteilt ihnen Geschichtsunterricht: Er erinnert sie an alles, was Gott für sie getan hat, und er rekapituliert die Gesetze, die Gott ihnen gegeben hat, zusammen mit den Segnungen, die sie erwarten dürfen, wenn sie gehorchen – und der Bestrafung, falls nicht. „Ich habe euch Leben und Tod, Segen und Fluch vorgelegt", sagt er, „damit du das Leben erwählst und am Leben bleibst" (5. Mose 30,19).

• Zentraler Gedanke

Glaube ist Entscheidungssache. Wir können uns für Gott entschei-

Warum befahl Gott die Vernichtung der Kanaaniter?

Kurz vor der Landnahme von Kanaan (heute Israel) gibt Mose den israelitischen Kriegern folgenden Befehl: „Aber in den Städten dieser Völker hier, die dir der Herr, dein Gott, zum Erbe geben wird, sollst du nichts leben lassen" (das schließt Männer, Frauen und Kinder ein), „damit sie euch nicht lehren, all die Gräuel zu tun, die sie im Dienst ihrer Götter treiben" (5. Mose 20,16.18).

Der kanaanitische Gottesdienst schloss Menschenopfer ein, insbesondere Babys wurden geopfert. Götzenverehrer hatten auch kultischen Sex mit Tempelprostituierten, um die Götter dazu zu bewegen, ihre Familien, Viehherden und Felder fruchtbar zu machen. Gott wollte das Land von dieser Sünde reinigen, so wie er es in Noahs Zeit durch die Sintflut getan hat.

Leider bewahrheitete sich die Warnung des Mose. Überlebende Kanaaniter brachten schließlich den Israeliten bei, ihre Götter anzubeten. Innerhalb weniger Jahrhunderte wurden die Israeliten so heidnisch, dass Gott das Land auch von ihnen reinigte.

den und für die Segnungen, die daraus erwachsen, wenn wir ihm dienen. Oder wir können die Sünde wählen mitsamt den tragischen Konsequenzen, die folgen werden. Es liegt an uns. Die Ergebnisse sind unausweichlich.

• *Autor/Zeit*
Autor ungenannt, nach jüdischer Tradition Mose (15. oder 13. Jahrhundert v.Chr.)

• *Hauptpersonen*
Mose, Führer der Israeliten, kurz vor seinem Tod
Josua, Nachfolger des Mose

• *Wichtige Szene*
Mose, nun 120 Jahre alt, besteigt den Berg Nebo im heutigen Jordanien und schaut nach Westen über das Jordantal in das verheißene Land. Nie wird Mose dem Land Israel näher kommen, denn er stirbt auf dem Berg (5. Mose 34).

• *Bekannter Vers*
„Und du sollst den Herrn, deinen Gott, lieb haben von ganzem Herzen, von ganzer Seele und mit all deiner Kraft." (5. Mose 6,5)

Baal, der oberste Gott der Kanaaniter. Diese vergoldete Figur wurde zur Zeit Josuas angefertigt, der die Israeliten bei der Eroberung Kanaans (heute Israel) anführte.

Josua

• *In einem Absatz zusammengefasst*

Nachdem die Israeliten 430 Jahre in Ägypten zugebracht haben – davon lange Zeit als Sklaven – und dann 40 Jahre in der Wüste, fangen sie nun an, für ihr Heimatland Kanaan zu kämpfen. Mose ist gestorben. Doch Gott versichert Josua, dem neuen Führer: „Jede Stätte, auf die eure Fußsohlen treten werden, habe ich euch gegeben ... Es soll dir niemand widerstehen dein Leben lang" (Josua 1,3.5). Die Israeliten vernichten befestigte Städte im Süden des Landes und ziehen dann nordwärts. Nachdem sie einen ansehnlichen Teil des Berglandes erobert haben, teilt Josua das Land unter den zwölf Stämmen auf und weist jeden Stamm an, für sein jeweiliges Gebiet selbst zu sorgen. Das Volk schließt dann einen Bund mit Gott, in welchem es bekräftigt, dass es die fremden Götter loswerden und ihm allein dienen will.

• *Zentraler Gedanke*

Solange die Israeliten sich Gott hingeben, können sie darauf vertrauen, dass Gott ihre Schlachten für sie schlägt.

• *Autor/Zeit*

Autor ungenannt; die Geschichte spielt im 15. oder 13. Jahrhundert v.Chr.

• *Hauptperson*

Josua, der neue Führer der Israeliten

• *Wichtige Szene*

Auf wunderbare Weise stürzen die Mauern von Jericho ein – die erste kanaanitische Stadt, die während der israelitischen Eroberung fällt (Josua 6).

Jericho war eine Grenzstadt in dieser großen Oase am Rand des Jordantals, direkt unterhalb des judäischen Gebirges.

- **Bekannter Vers**

„Ich aber und mein Haus wollen dem Herrn dienen." (Josua 24,15)

Richter

- **In einem Absatz zusammengefasst**

Josua ist gestorben. Er hat darauf vertraut, dass die Israeliten den Kanaa-
nitern nun den Garaus machen und Gott dienen. Doch nichts davon.
Sie übernehmen die kanaanitische Religion, brechen ihren Bund mit
Gott und müssen die Konsequenzen tragen, die Gott beim Bundes-
schluss bereits aufgezählt hatte. Eindringlinge schikanieren sie nun. Da
rufen die Israeliten zu Gott um Hilfe, und der sendet einen Befreier,
„Richter" genannt. Dieser Zyklus von Sünde, Umkehr und Befreiung
findet gut ein Dutzend Mal statt, doch am Ende des Richterbuches lebt
das Volk in Anarchie: „Zu der Zeit war kein König in Israel; jeder tat,
was ihn recht dünkte" (Richter 21,25).

- **Zentraler Gedanke**

Gott ist unendlich liebevoll und barmherzig. Er bestraft Sünde, doch
wenn Menschen umkehren, vergibt er ihnen und rettet sie.

- **Autor/Zeit**

Autor ungenannt. Die Geschichten ereignen sich 200-400 Jahre, bevor
David um ca. 1000 v.Chr. zum König gekrönt wurde.

- **Hauptpersonen**

Simson, der berühmteste Krieger des Buches
Delila, die Frau, die ihn bezwang
Gideon, ein israelitischer Milizenführer
Debora, die einzige Richterin in Israel

- **Wichtige Szene**

Simson tötet tausend Philister mit dem Kieferknochen eines Esels. Er
hatte seinen israelitischen Nachbarn erlaubt, ihn den Philistern zu über-
geben. Doch kaum in Gewahrsam der Philister, greift er diese an. Den
Kampfplatz benennt das Volk dann in Ramat-Lehi („Kinnbackenhö-
he") um (Richter 15,17).

- **Bekannter Vers**

„Da taten die Israeliten, was dem Herrn missfiel." (Richter 2,11 und
öfter)

Rut

• *In einem Absatz zusammengefasst*

Ein Ehepaar aus Bethlehem und ihre zwei Söhne ziehen ins heutige Jordanien, um einer Hungersnot zu entkommen. Beide Söhne heiraten dort, doch innerhalb von zehn Jahren sterben sowohl der Vater als auch die Söhne und lassen ihre Witwen mittellos in einer Kultur zurück, in der Frauen kein Eigentum erben können. Die Mutter, Noomi, legt ihren Schwiegertöchtern nahe, zu ihren Vätern zurückzugehen. Sie selbst wird nach Bethlehem zurückkehren. Doch Rut besteht darauf, mit Noomi zu gehen. In Bethlehem trifft Rut Boas, einen Verwandten von Noomis verstorbenem Ehemann. Er willigt ein, Rut zu heiraten und auch Fürsorge für Noomi zu tragen. Das Wohlfahrtssystem der damaligen Zeit appellierte an Verwandte des verstorbenen Ehemanns, die Witwe zu ehelichen. Rut – eine Nichtjüdin – wird die Urgroßmutter des populärsten israelitischen Königs: David.

• *Zentraler Gedanke*

Gott liebt Menschen, die die meisten anderen übersehen: die Außenseiter, die Armen und die Machtlosen. Rut war eine solche Frau – und von ihr stammt Israels berühmteste Königsdynastie ab!

• *Autor/Zeit*

Autor ungenannt; nach jüdischer Tradition soll Samuel das Buch geschrieben haben. Rut lebte möglicherweise um 1100 v.Chr.

• *Hauptpersonen*

Rut, eine Witwe und Urgroßmutter des Königs David
Noomi, Ruts Schwiegermutter
Boas, Ruts zweiter Ehemann und Urgroßvater Davids

• *Wichtige Szene*

Rut weigert sich, ihre verwitwete Schwiegermutter Noomi alleine der Armut entgegensehen zu lassen. Beide gehen sie vom heutigen Jordanien aus nach Bethlehem in der Hoffnung, dass irgendjemand aus dem Verwandtenkreis Noomis sie aufnehmen wird (Rut 1).

• *Bekannter Vers*

„Wo du hingehst, da will ich auch hingehen; wo du bleibst, da bleibe ich auch. Dein Volk ist mein Volk, und dein Gott ist mein Gott." (Rut 1,16)

1. Samuel

• In einem Absatz zusammengefasst

Israel ist nicht damit zufrieden, dass *Gott* König ist. Sie wollen einen menschlichen König wie andere Völker. Auf Befehl Gottes salbt der Prophet Samuel Saul zum ersten König Israels. Saul wird zunehmend krankhaft eifersüchtig auf David, dessen Popularität gewaltig steigt, nachdem er Goliat, den riesenhaften Recken der Philister, getötet hat. Saul ist Gott ungehorsam und bringt vor einer Schlacht ein Opfer – ein Ritual, das Priestern vorbehalten war. Daraufhin weist Gott ihn zurück und befiehlt Samuel, insgeheim David zum zukünftigen König zu salben. Saul und drei seiner Söhne sterben in einer Schlacht, die Israel gegen die Philister verliert.

• Zentraler Gedanke

„Ein Mensch sieht, was vor Augen ist; der Herr aber sieht das Herz an." (1. Samuel 16,7)

• Autor/Zeit

Autor ungenannt; die Geschichten finden um 1000 v.Chr. statt.

• Hauptpersonen

Samuel, ein Prophet
Saul, Israels erster König
David, der den Riesen Goliat tötete und später Israels berühmtester König wurde.

• Wichtige Szene

Mit einer Steinschleuder bewaffnet tötet David den Philisterkrieger Goliat, einen Riesen. Obwohl Goliat mit den besten Waffen seiner Zeit ausgerüstet ist, stoppt ihn ein winziger Stein (1. Samuel 17,49).

Goliat

Gewaltige Körpergröße gepaart mit hochmoderner Bewaffnung verschafften dem Philisterkämpfer Goliat große Vorteile gegenüber David. Dieser war ein Hirtenjunge und nur mit einer Steinschleuder bewaffnet.

Körpergröße: über zwei, manche Texte sagen drei Meter

Panzerhemd: 57 kg schwer

Metallwaffen: aus dem neu entdeckten Eisen angefertigt, das durch die Bronzewaffen der Israeliten hindurchschneiden kann.

Speerschaft: 5 cm dick (evtl. mehr)

Speerspitze: 6,8 kg schwer

Waffenträger: Ein Helfer trug einen Schild.

Hirtenjunge bei Bethlehem, wo David aufwuchs.

• *Bekannter Vers*
„Gehorsam ist besser als Opfer." (1. Samuel 15,22)

2. Samuel

• *In einem Absatz zusammengefasst*
Mit dem Tod Sauls scharen sich die Israeliten um den Helden und Rie-
sentöter David und krönen ihn zum König. Als meisterlicher Krieger
kämpft er die Philister nieder, sichert Israels Grenzen und beherrscht
den Nahen Osten bis tief in das Gebiet des heutigen Jordanien bzw.
Syriens hinein. Als nationaler Führer ist er hochgeachtet, erweist sich
aber als schwacher Ehemann und Vater. Er hat eine Affäre, seine Geliebte wird schwanger, und dann befiehlt er, dass deren Ehemann als Kano-
nenfutter an die Front geschickt wird, damit der Weg frei ist, um die
Frau zu heiraten. Einer seiner Söhne vergewaltigt seine Halbschwester,
und David greift nicht maßregelnd ein. Das stachelt einen anderen Sohn
Davids und Vollbruder des Opfers an, den Vergewaltiger zu ermorden
und gegen seinen Vater zu putschen.

• *Zentraler Gedanke*
Keine Sünde ist zu groß für Gottes Gnade. Gott vergibt dem reumüti-
gen David sogar dessen Ehebruch und Mord.

• *Autor/Zeit*
Autor ungenannt; die Geschichten finden um ca. 1000 v. Chr. statt.

• *Hauptpersonen*
David, Israels zweiter König
Nathan, ein Prophet und Davids Ratgeber
Absalom, Davids Sohn, der als Anführer eines Putsches stirbt

• *Wichtige Szene*
Der mit immerhin sieben Frauen verheiratete David macht auf seinem
Dach gegen Abend einen Spaziergang. Da sieht er Batseba, die Ehefrau
eines seiner Soldaten, wie sie ein Bad nimmt (möglicherweise in einem
ummauerten Hof). David schickt nach ihr und bittet sie, dass sie in seinen Palast kommt. Er fängt mit ihr eine sexuelle Beziehung an, und sie
wird schwanger (2. Samuel 11).

• *Bekannter Vers*
„Wie sind die Helden gefallen." (2. Samuel 1,19)

1. Könige

• In einem Absatz zusammengefasst

Kurz vor seinem Tod überträgt David die Herrschaft seinem Sohn Salomo, der den Staat zur Hochblüte führt. In diesem goldenen Zeitalter baut Salomo den Tempel in Jerusalem, den Palast und befestigte Städte überall im Land. Doch seine politisch motivierten Eheschließungen mit 1000 Frauen verlocken ihn schließlich zum Götzendienst. Nach Salomos Tod droht sein Sohn dem Volk, mehr denn je Steuern zu erheben. Daraufhin spaltet sich der Staat in ein Nord- und ein Südreich, und Salomos Sohn regiert lediglich über den südlichen Staat Juda. Gott beruft Propheten wie Elia, damit sie in beiden Staaten ihre Stimme gegen böse Könige erheben, inklusive Ahab und der Königin Isebel im Nordreich.

• Zentraler Gedanke

Gott belohnt Gehorsam und bestraft Sünde. Salomos Familie verliert die Hälfte des Königreichs, weil er „sein Herz von dem Herrn, dem Gott Israels, abgewandt hatte" (1. Könige 11,9).

• Autor/Zeit

Autor ungenannt. Die Geschichte Israels umfasst hier etwa ein Jahrhundert, beginnend mit Salomos Herrschaftsantritt um 970 v.Chr.

• Hauptpersonen

Salomo, Davids Sohn und Nachfolger als König
Elia, ein Prophet
Ahab und **Isebel**, Königspaar im Nordreich Israel

• Wichtige Szene

In einem Gerichtsverfahren, bei dem Salomo um ein Urteil angegangen wird, gibt er den Befehl, ein Baby in zwei Teile zu schneiden.

Rekonstruktion des ersten israelitischen Tempels. König Salomo ließ den Tempel in Jerusalem bauen, wo er für 400 Jahre stand, bevor die babylonischen Angreifer ihn niederrissen.

Jeweils die Hälfte, so schlägt er vor, soll dann eine der beiden Prostituierten bekommen, die behaupten, sie seien die Mutter des Jungen. Eine Frau stimmt zu, doch die andere fleht: „Ach, mein Herr, gebt ihr das Kind lebendig und tötet es nicht!" Salomo spricht daraufhin dieser, der wahren Mutter, ihren Sohn zu und begründet damit sein Ansehen als weiser Mann.

• *Bekannter Vers*
„Und Gott gab Salomo sehr große Weisheit und Verstand und einen Geist, so weit, wie Sand am Ufer des Meeres liegt." (1. Könige 4,20)

2. Könige

• *In einem Absatz zusammengefasst*
Gottes alter Bund mit dem israelitischen Volk sagt, dass, wenn sie darin beharren, ihm ungehorsam zu sein, er ihnen ihr Heimatland wegnehmen und sie zerstreuen wird „unter alle Völker von einem Ende der Erde bis ans andere" (5. Mose 28,64). Doch sie bleiben im Ungehorsam. Gott schickt über mehrere Generationen hinweg verschiedene Propheten, um sie zu warnen, doch diese erreichen das Volk mit ihrer Botschaft nur selten. Dann fällt zunächst der nördliche Staat Israel; er wird von den Assyrern erobert. Etwa 150 Jahre später radieren die Babylonier das Südreich Juda aus und verschleppen die Überlebenden ins Gebiet des heutigen Irak. Von Israel bleibt nicht mehr übrig als die Erinnerung.

• *Zentraler Gedanke*
Obwohl Gott geduldig und barmherzig ist, ignoriert er nicht die Sünde. Mit der Zeit lässt er es zu, dass die tragischen Konsequenzen der Sünde ihren Lauf nehmen: Sünde führt zum Tod.

• *Autor/Zeit*
Autor ungenannt. Dieser Teil der Geschichte Israels erstreckt sich von ca. 850 v.Chr. bis zum Fall Judas 586 v.Chr.

Dieses Tonprisma enthält den Bericht des assyrischen Königs Sanherib, dass er 46 israelitische Städte zerstört hat. Die Inschrift behauptet indessen nicht, dass die Armee Jerusalem erobert habe. Sie untermauert den biblischen Bericht, nach welchem Sanherib Jerusalem lediglich belagerte. Sie zitiert den König mit den Worten: „Ich setzte (Hiskia) in Jerusalem, seiner königlichen Residenz, gefangen wie einen Vogel im Käfig."

- *Hauptpersonen*

Elia und **Elisa**, Propheten

Isebel, Königin Israels

Hiskia, ein gottesfürchtiger König Judas

- *Wichtige Szene*

Nach einem Leben im Dienst für Gott wird der Prophet Elia durch einen Wirbelwind und einen feurigen Streitwagen in den Himmel entrückt.

- *Bekannter Vers*

„Und er tat, was dem Herrn missfiel." (2. Könige 3,2)

> **Eine Aufzeichnung über Jehu**
>
> Israels König Jehu (der zuvor den Putsch angeführt hat, der der Dynastie Ahabs und Isebels ein Ende setzte) musste sich dem assyrischen König unterwerfen. Eine in der assyrischen Hauptstadt wiedergefundene, in Stein gemeißelte Inschrift besagt, dass „Jehu, Sohn des Omri", Gold- und Silbertribute bezahlt hat.

1. Chronik

- *In einem Absatz zusammengefasst*

Nachdem er den Stammbaum der Israeliten bis zu Adam zurückgeführt hat, erzählt der Verfasser erneut die Geschichte Israels, angefangen mit den ersten beiden Königen Saul und David. Für viele Leser erscheinen die beiden Chronikbücher wie eine politische Schönrednerversion der Geschichten in den Samuel- und Königebüchern – Skandale bleiben außen vor. Kein Wort über die Eifersucht Sauls gegenüber David, nichts zur Affäre Davids mit Batseba. Doch der Schreiber hat die Geschichte nicht beschönigt. Er schrieb an Juden, die in ihr nun viel kleineres Heimatland zurückgekehrt waren und sich fragten: Sind wir noch Gottes Volk?" und „Ist unser Land wirklich das verheißene Land?" Indem der Autor sich auf optimistisch stimmende Geschichten, die Gottes Wirken an Israel in der Vergangenheit hervorheben, beschränkt, beantwortet er beide Fragen mit „Ja".

- *Zentraler Gedanke*

Gott gibt Menschen niemals auf. Sogar nachdem Israel von der Landkarte getilgt wurde, weil das Volk jahrhundertelang gesündigt hatte, bringt er es wieder nach Hause und ermöglicht einen Neubeginn.

- *Autor/Zeit*

Autor ungenannt; die jüdische Tradition geht vom Priester Esra (5. Jh.) als Autor aus. Die Geschichten finden zur Zeit der Könige Saul und David statt (um 1000 v.Chr.).

David führt eine Prozession an, die die Bundeslade nach Jerusalem bringt.

• *Hauptpersonen*

Saul, Israels erster König
David, Israels berühmtester König

• *Wichtige Szene*

Tanzend und hüpfend vor Freude bringt David den heiligsten Gegenstand der Israeliten nach Jerusalem: die Bundeslade, ein goldüberzogener Kasten, der die Zehn Gebote enthält (1. Chronik 15). Jerusalem wird Israels politische und geistliche Hauptstadt.

• *Bekannter Vers*

„Danket dem Herrn, denn er ist freundlich, und seine Güte währet ewiglich." (1. Chronik 16,34)

2. Chronik

• *In einem Absatz zusammengefasst*

Das Buch wurde geschrieben, um die aus dem Exil zurückkehrenden Juden dazu zu ermutigen, Israel wieder aufzubauen. Es verfolgt die

Geschichte der israelitischen Könige und legt seinen Schwerpunkt vorwiegend auf die gottesfürchtigen unter ihnen. Salomo führt das Volk durch dessen glanzvollste Zeit. Hiskia bewahrt sein Volk vor einer Invasion. Doch sagt der Schreiber, dass mit der Zeit – bedingt durch die Sünde des Volkes – ihr Gebiet den Babyloniern zufällt und die Überlebenden nach Babylon verbannt werden. Hinterher lässt der persische König Kyrus die deportierten Juden wieder in ihr Heimatland zurückkehren – ein Akt der Gnade Gottes, der von den Propheten Israels vorausgesagt wurde.

• *Zentraler Gedanke*
Einzelpersonen und Völker, die Gott hingegeben leben, genießen seinen Segen. Für reuige Sünder gibt es Vergebung und Wiederherstellung.

• *Autor/Zeit*
Autor ungenannt. Die jüdische Tradition geht vom Priester Esra (5. Jh.) aus. Das Buch beginnt mit der Regierungszeit Salomos um 970 v.Chr., fährt fort bis zur Zerstörung Judas 586 v.Chr. und endet damit, dass ca. 50 Jahre später die jüdischen Exilierten zurückkehren, um ihren Staat wieder aufzubauen.

• *Hauptpersonen*
Salomo, König Israels während dessen Blütezeit
Hiskia, gottesfürchtiger König, der den Südstaat Juda vor assyrischen Angreifern bewahrte

• *Wichtige Szene*
Salomo baut den ersten jüdischen Tempel auf einer Bergkuppe in Jerusalem, ein architektonisches Glanzstück voller Schönheit. Dort zieht Gott ein: „... da wurde das Haus des Herrn erfüllt mit einer Wolke, sodass die Priester nicht zum Dienst hinzutreten konnten wegen der Wolke; denn die Herrlichkeit des Herrn erfüllte das Haus Gottes" (2. Chronik 5,13-14).

• *Bekannter Vers*
„Wenn ... mein Volk, über das mein Name genannt ist, sich demütigt, dass sie beten und mein Angesicht suchen und sich von ihren bösen Wegen bekehren, so will ich vom Himmel her hören und ihre Sünde vergeben und ihr Land heilen." (2. Chronik 7,14)

Esra

• *In einem Absatz zusammengefasst*
Nachdem die Juden 50 Jahre im Exil in Babylon (heute: Irak) gelebt haben, sind sie nun frei, um in ihre Heimat zurückzugehen und ihren Staat neu aufzubauen. Persien hat den Bezwinger Israels, Babylon, besiegt und alle Gefangenen befreit. Manche Juden bleiben in Babylon, doch viele kehren nach Jerusalem zurück und bauen den Tempel wieder auf. Etwa hundert Jahre später, ca. 450 v.Chr., trifft ein Priester namens Esra in Israel ein und übernimmt eine Führungsrolle. Er unterweist das Volk im Gesetz des Mose.

• *Zentraler Gedanke*
Mit Gottes Hilfe können Menschen ihr Leben selbst nach den tragischsten Erfahrungen wiederaufbauen.

• *Autor/Zeit*
Nach jüdischer Tradition schrieb es der Priester Esra im 5. Jahrhundert v.Chr., dem Zeitraum, in dem das Geschehen sich abspielt.

• *Hauptpersonen*
Esra, ein Priester, der die Juden unterweist
Kyrus, persischer König, der die Juden in die Freiheit entlässt

• *Wichtige Szene*
In den Ruinen des einstmals so schönen Jerusalem fangen die Juden an, ihre Stadt wieder aufzubauen, indem sie das Fundament für einen neuen Tempel legen. Viele jubeln, doch alte Priester, die sich noch an Salomos herrlichen Tempel erinnern können, weinen (Esra 3,12-13).

• *Bekannter Vers*
„Denn er ist gütig, und seine Barmherzigkeit währt ewiglich."
(Esra 3,11)

Nehemia

• *In einem Absatz zusammengefasst*
Nehemia, ein Diener im persischen Palast, bekommt mit Erlaubnis des Königs dienstfrei, um die Stadtmauern Jerusalems wieder aufzubauen. Diese waren von den babylonischen Angreifern ein Jahrhundert zuvor zerstört worden. Trotz des Widerstands von ortsansässigen Nichtjuden beenden Nehemia und seine Mannschaft die Arbeit in erstaunlichen 52 Tagen. Anschließend liest der Priester Esra aus dem Gesetz des Mose

(vielleicht dem 5. Buch Mose) vor und bringt das Volk dazu, dem Herrn Treue zu schwören.

• Zentraler Gedanke

Glaube und Tat gehen Hand in Hand: „Wir aber beteten zu unserm Gott und stellten gegen sie Tag und Nacht Wachen auf zum Schutz vor ihnen" (Nehemia 4,3).

• Autor/Zeit

Autor ungenannt, nach jüdischer Tradition schrieb es Esra im 5. Jahrhundert v.Chr., dem Zeitraum, in dem die Geschichte stattfindet.

• Hauptpersonen

Nehemia, ein Jude, der den Wiederaufbau der Jerusalemer Stadtmauern leitet

Sanballat, ein Nichtjude, der den Wiederaufbau zu stoppen versucht

Esra, ein Priester, der dem Volk das jüdische Gesetz vorliest

Aufzeichnungen über Kyrus
Der unten abgebildete Tonzylinder bestätigt den Bericht des Buches Esra, nach dem der persische König Kyrus die Exiljuden nach Hause in die Freiheit entließ. Dieser Zylinder (datiert 536 v.Chr., zur Regierungszeit des Kyrus) berichtet, dass der König alle von den Babyloniern deportierten Volksgruppen in die Heimat entließ. Babylon war die frühere Supermacht, die von Persien kurz zuvor besiegt worden war.

• Wichtige Szene

Weil sie einen Angriff der im Land wohnenden Nichtjuden fürchten, beeilen sich die Juden, die Stadtmauern Jerusalems wieder zu errichten. Aber sie haben stets eine Hand frei, um eine Waffe zu greifen und zu kämpfen, sofern es nötig wird. Sie arbeiten von Sonnenaufgang bis Sonnenuntergang und schaffen es so, die Arbeit in weniger als zwei Monaten zu Ende zu bringen (Nehemia 6).

• Bekannter Vers

„Die da Lasten trugen, arbeiteten so: Mit der einen Hand taten sie die Arbeit und mit der andern hielten sie die Waffe." (Nehemia 4,17)

Ester

- **In einem Absatz zusammengefasst**

Mordechai, ein in Persien (heute: Iran) lebender Jude, weigert sich, vor dem hohen Palastbeamten Haman niederzufallen. Daraufhin entscheidet Haman sich, alle Juden zu vernichten und deren Eigentum zu konfiszieren. Allerdings ist er sich nicht darüber im Klaren, dass die Königin Ester sowohl eine Jüdin als auch die Cousine Mordechais ist. Vom König bekommt er zunächst einen unwiderruflichen Erlass für einen sich über das ganze Reich erstreckenden Holocaust. Doch von Mordechai überredet, offenbart Ester dem König ihre jüdische Herkunft und bringt den König dazu, einen Gegenerlass in Umlauf zu bringen, der den Juden erlaubt, sich selbst zu schützen, unterstützt von persischen Soldaten. Der König lässt Haman hinrichten und gibt Mordechai dessen Posten.

- **Zentraler Gedanke**

Obwohl Gottes Name im ganzen Buch nicht erwähnt wird, ist er hinter den Kulissen am Werk. Er beschützt sein Volk, indem er eine jüdische Königin zur rechten Zeit auf den Thron setzt.

- **Autor/Zeit**

Autor ungenannt. Die Geschichte findet im 5. Jahrhundert v.Chr. statt.

- **Hauptpersonen**

Ester, die jüdische Königin von Persien
Xerxes, persischer König
Mordechai, Esters Cousin, der sie auch großgezogen hat
Haman, ein Beamter, der die Juden töten lassen wollte

- **Wichtige Szene**

Während eines königlichen Banketts, von dem Haman denkt, dass Königin Ester es zu seinen Ehren abhält, offenbart Ester, dass sie eine Jüdin ist – und daher auch ein Ziel der Vernichtungsaktion Hamans. „Denn wir sind verkauft, ich und mein Volk, dass wir vertilgt, getötet und umgebracht werden" (Ester 7,4). Haman ist geschockt – und wird dann erhängt.

- **Bekannter Vers**

„Und wer weiß, ob du nicht gerade um dieser Zeit willen zur königlichen Würde gekommen bist?" (Ester 4,14)

Hiob

• In einem Absatz zusammengefasst

Gott willigt ein, dass Satan den Glauben eines aufrechten Mannes namens Hiob auf die Probe stellen darf. Nun stehlen Räuber Hiobs Herden und bringen seine Diener um. Ein Sturm tötet seine Kinder – während einer gemeinsamen Mahlzeit wird ihr Haus zerstört. Hiob selbst ist am ganzen Körper von Geschwüren übersät. Drei Freunde kommen und geben ihm den Rat, Buße zu tun. Sie gehen davon aus, dass Hiob irgendetwas Schreckliches getan haben muss, mit dem er dieses Schicksal verdient hat. Hiob besteht auf seiner Unschuld und fordert von Gott eine Erklärung. Stattdessen bringt Gott Hiob dazu, ihm zu vertrauen – egal, unter welchen Umständen. Am Ende stellt Gott Hiobs Gesundheit und Wohlstand wieder her – und schenkt ihm erneut sieben Söhne und drei Töchter.

• Zentraler Gedanke

Viele Juden in biblischen Zeiten glaubten, dass Tragödien durch Sünde verursacht werden. Das Buch Hiob korrigiert diese Ansicht.

• Autor/Zeit

Autor ungenannt. Manche Hinweise in der Geschichte legen nahe, dass der Schreiber ein Jude ist, der eine Geschichte erzählt, die zur Zeit der Erzväter stattfand, also um 2000 v.Chr.

• Hauptperson

Hiob, ein reicher Herdenbesitzer, der seine Kinder, seinen Wohlstand und seine Gesundheit verliert

• Wichtige Szene

Hiobs Freunde kommen, eigentlich um ihn zu trösten, doch stattdessen beschuldigen sie ihn, eine noch nicht bekannte Sünde begangen zu haben. Hiob schießt indes zurück: „Ihr seid allzumal leidige Tröster" (Hiob 16,2).

• Bekannter Vers

„Der Herr hat's gegeben, der Herr hat's genommen; der Name des Herrn sei gelobt!" (Hiob 1,21)

Der sumerische Hiob

Es gibt eine weitere alte Geschichte, in der ein Gerechter leiden muss – diese entstammt der ältesten bekannten Kultur der Menschheit – Sumer, die Heimat Abrahams im heutigen Südirak. Die Geschichte wurde vor 2000 v.Chr. geschrieben und handelt von einen Mann, den Wissenschaftler manchmal den „sumerischen Hiob" nennen.

Wie der Hiob der Bibel leidet der sumerische Hiob ungerechterweise und beklagt sich bitterlich.

Sumerischer Hiob: „Lasst meine Mutter, die mich geboren hat, nicht aufhören, um mich zu weinen." *Biblischer Hiob:* „Warum bin ich nicht umgekommen, als ich aus dem Mutterleib kam?" (Hiob 3,11)

Am Ende vertrauen beide Gott.

Sumerischer Hiob: „Ich habe meinen Blick auf dich gerichtet wie auf die aufgehende Sonne." *Biblischer Hiob:* „Ich hatte von dir nur vom Hörensagen vernommen; aber nun hat mein Auge dich gesehen. Darum spreche ich mich schuldig und tue Buße in Staub und Asche." (Hiob 42)

55

Musiker mit Flöte und Lyra (einer kleinen Harfe ähnlich)

Psalmen

• In einem Absatz zusammengefasst

Die Psalmen sind ein jüdisches Liederbuch, eine Sammlung von über Jahrhunderte hinweg entstandener Dichtkunst. Überraschenderweise finden sich hier mehr Klagepsalmen als solche anderer Kategorien. Aber es gibt auch viele Dankpsalmen. Daher nennen die Juden dieses Buch auch *Tehillim,* das hebräische Wort für „Loblieder". Die Juden sangen diese Worte mit musikalischer Begleitung zu Hause, auf Pilgerreisen nach Jerusalem und beim Gottesdienst im Tempel.

• Zentraler Gedanke

Wir können vor Gott ehrlich sein und all unsere Gefühle ausdrücken: Zorn, Angst, Enttäuschungen, Verwirrung. In den Psalmen ist all dies enthalten.

• Autor/Zeit

Verschiedene Autoren schrieben die Psalmen über viele Jahrhunderte hinweg. 73 Lieder werden David zugeschrieben. Manchmal ist nicht ganz klar, ob David sie selbst verfasst hat, ob sie von ihm inspiriert worden sind oder nur ihm gewidmet. Andere Psalmen werden in ähnlicher Weise mit Salomo, Mose und Asaf, einem musikalischen Leiter zu Davids Zeiten, in Verbindung gebracht.

• Hauptperson

David, mit dem fast die Hälfte aller Psalmen in Verbindung stehen

---

Hebräische Dichtkunst

Alte hebräische Poesie reimt sich nicht so, wie es heutige Gedichte oft tun. Statt Klänge (wie etwa Endungen) zu wiederholen, wiederholten hebräische Dichter Gedanken oder verglichen sie miteinander. Eine Zeile kann die vorherige sinngemäß wiederholen, der Vorzeile entgegengesetzt sein oder den Gedanken der Vorzeile erweitern. In der folgenden Passage aus Psalm 10,1 wiederholt die zweite Zeile den Gedanken der ersten:

„Herr, warum stehst du so ferne,
verbirgst dich zur Zeit der Not?"

• *Wichtige Szene*
Wenn Gottes Leute in ernster Gefahr sind, führt Gott sie, wie ein Hirte
seine Herde führt. „Und ob ich schon wanderte im finstern Tal, fürchte ich kein Unglück; denn du bist bei mir, dein Stecken und Stab trösten mich." (Psalm 23,4)

• *Bekannter Vers*
„Der Herr ist mein Hirte, mir wird nichts mangeln. Er weidet mich auf einer grünen Aue und führet mich zum frischen Wasser." (Psalm 23,1-2)

Sprüche

• *In einem Absatz zusammengefasst*
König Salomo und andere weise Männer aus Israel bieten in dieser Spruch-
sammlung Weisheit aus ihrem Erfahrungsschatz. Die Sprüche richten sich
vorwiegend an junge Männer. Die meisten der Sprichwörter sind kurze
und zupackende Zweizeiler, sodass man sie sich leicht merken kann. Inhalt-
lich umfassen sie ein weites Spektrum geistlicher und praktischer Angelegenheiten, inklusive Sex, Geld und Kindererziehung.

• *Zentraler Gedanke*
„Durch die Sprüche soll der Mensch Weisheit und Selbstbeherrschung
lernen, um gute Ratschläge verstehen zu können. Sie helfen dabei,
Zurechtweisung anzunehmen und sie einsichtig im Leben umzusetzen
und zu tun, was gerecht, recht und aufrichtig ist. Die Sprüche machen die
Unerfahrenen klüger und schenken dem, der noch jung ist, Erkenntnis
und Besonnenheit." (Sprüche 1,2-4, NLB)

• *Autor/Zeit*
Verschiedene weise Männer verfassten die Sprüche über Jahrhunderte
hinweg. Die meisten werden Salomo zugeschrieben, der in seinem Leben
3000 Sprichwörter formuliert hat.

• *Hauptperson*
Salomo, der weiseste König Israels und Quelle der meisten Sprüche in
diesem Buch

Wichtigste Szene:
Eine unmoralische Frau versucht, einen jungen Mann von seiner Ehefrau
wegzulocken und zu verführen. Der Weise rät dem Mann: „Lass deine We-
ge ferne von ihr sein und nahe nicht zur Tür ihres Hauses" (Sprüche 5,8).

- *Bekannter Vers*

„Gewöhne einen Knaben an seinen Weg, so lässt er auch nicht davon, wenn er alt wird." (Sprüche 22,6)

Prediger

- *In einem Absatz zusammengefasst*

Der Autor, ein tiefgründiger Denker, erklärt den Sinn des Lebens. Seine trüben Schlussfolgerungen erwähnt er eingangs: Alles menschliche Leben ist sinnlos. Wir arbeiten, wir sterben, und dann geht das Leben ohne uns weiter. Die Weisen, die Reichen und die Vergnügungssüchtigen enden auf die gleiche Weise – tot. Das Leben ist kurz, bilanziert er, daher sollten die Menschen ihre Segnungen genießen: Essen, Familie, eine Arbeit, die sie lieben. „Denn wenn Gott einem Menschen Reichtum und Güter gibt und lässt ihn davon essen und trinken und sein Teil nehmen und fröhlich sein bei seinem Mühen, so ist das eine Gottesgabe. Denn er denkt nicht viel an die Kürze seines Lebens, weil Gott sein Herz erfreut." (Prediger 5,19)

- *Zentraler Gedanke*

„Lasst uns die Hauptsumme aller Lehre hören: Fürchte Gott und halte seine Gebote; denn das gilt für alle Menschen." (Prediger 12,13)

- *Autor/Zeit*

„Dies sind die Reden des Predigers, des Sohnes Davids, des Königs zu Jerusalem." (Prediger 1,1) – Salomo im 10. Jahrhundert v.Chr.

- *Hauptperson*

Der **Prediger**, ein geheimnisvoller Name für den Autor, vermutlich Salomo

- *Wichtige Szene*

Der Autor verfasst ein wunderbares Gedicht über die Phasen des Lebens, das so beginnt: „Ein jegliches hat seine Zeit, und alles Vorhaben unter dem Himmel hat seine Stunde: geboren werden hat seine Zeit, sterben hat seine Zeit; pflanzen hat seine Zeit, ausreißen, was gepflanzt ist, hat seine Zeit" (Prediger 3,1-2).

- *Bekannter Vers*

„Es ist alles ganz eitel (= vergeblich), sprach der Prediger ..."
(Prediger 1,2)

Hoheslied

- **In einem Absatz zusammengefasst**

In einem erotischen Gedicht, das die Liebe feiert, drücken ein Mann und eine Frau ihre intimsten Gefühle füreinander aus. Ohne Rohheit, allerdings mit ungehemmter Sinnlichkeit sprechen sie offen über ihre sexuellen Wünsche. Doch ihre Liebe geht darüber und über den Augenblick hinaus. In einer Art Verpflichtung, von der Experten meinen, sie sei der Höhepunkt des Gedichts, sagt die Frau zu ihrem Geliebten: „Lege mich wie ein Siegel auf dein Herz, wie ein Siegel auf deinen Arm." (Hoheslied 8,6)

- **Zentraler Gedanke**

Sexualität, in Wort und Tat, ist ein Geschenk Gottes. Sie ist ein Weg, um unsere innersten Gefühle dem gegenüber auszudrücken, dem wir versprochen haben, unser Leben mit ihm lebenslang zu teilen.

- **Autor/Zeit**

Das Hohelied wird Salomo zugeschrieben. Der hebräische Text lässt offen, ob das Buch von ihm oder für ihn geschrieben wurde oder ob es ihm lediglich gewidmet ist. Salomo lebte in der Mitte des 10. Jahrhunderts v.Chr.

- **Hauptpersonen**

Sulamith, eine ansonsten unbekannte israelitische Frau, die vom Land stammt
Ein unbekannter Mann, der die große Liebe dieser Frau ist

- **Wichtige Szene**

Der Mann erwartet entweder die Flitterwochen oder das Paar ist bereits frisch verheiratet – jedenfalls bringt der Mann sinnlich und liebevoll seine Wünsche zum Ausdruck: „Dein Wuchs ist hoch wie ein Palmbaum, deine Brüste gleichen den Weintrauben. Ich sprach: Ich will auf den Palmbaum steigen und seine Zweige ergreifen." (Hoheslied 7,7-8)

- **Bekannter Vers**

„Ich beschwöre euch, ihr Töchter Jerusalems, dass ihr die Liebe nicht aufweckt und nicht stört, bis es ihr selbst gefällt." (Hoheslied 2,7)

Jesaja

• *In einem Absatz zusammengefasst*

In einer dramatischen Vision sieht Jesaja Gott auf seinem himmlischen Thron, und er wird beauftragt, die Israeliten zu warnen. Jesajas Botschaft: Weil das Volk permanent sündigt, werden beide israelitischen Staaten fallen – Israel im Norden und Juda im Süden, die Heimat des Propheten. Jesaja erlebte selbst, wie die Assyrer Israel überrannten und die Überlebenden deportierten. Ungefähr 150 Jahre später geschah dasselbe mit Juda durch die Babylonier. Obwohl Jesaja voraussagt, dass Israel von der Landkarte getilgt wird, sagt er auch, dass das nicht das Ende der Geschichte des Volkes ist. Gott wird die Israeliten nach Hause bringen und mit ihnen neu anfangen. Sie sind dann von ihrem Götzendienst kuriert und leben ganz für ihren Gott.

• *Zentraler Gedanke*

Obwohl Gott geduldig ist, bestraft er sein Volk schließlich, wenn es nicht aufhört zu sündigen. Doch sogar nach der Bestrafung wartet er in Liebe und mit Barmherzigkeit.

• *Autor/Zeit*

Jesaja, der zwischen 740 und 700 v.Chr. wirkte. Manche meinen, er habe lediglich die ersten 39 Kapitel verfasst, die sich zu seinen Lebzeiten abspielen, und die Kapitel 40-66, die über hundert Jahre später stattfinden, von jemand anders geschrieben wurden. Doch Jesaja kann diese Ereignisse ja auch vorausgesagt haben.

• *Hauptpersonen*

Jesaja, ein Prophet aus Jerusalem
Hiskia, einer der Könige, zu denen Jesaja redete

Das fünfte Evangelium

Etwa 700 Jahre vor der Geburt Jesu schrieb der Prophet Jesaja so, als ob er Jesus kennen würde.

Neutestamentliche Schreiber sahen Jesus in den Prophetien des Jesaja so deutlich, dass sie dieses Buch mehr als alle anderen zitierten – ca. 50 Mal. Einige Gelehrte haben daher das Buch Jesaja auch das „fünfte Evangelium" genannt.

In einer der bekanntesten Voraussagen, die von den neutestamentlichen Autoren aufgegriffen wurde, sagt Jesaja: „Siehe, eine Jungfrau ist schwanger und wird einen Sohn gebären, den wird sie nennen Immanuel" (Jesaja 7,14).

• *Wichtige Szene*

Ein leidender Knecht – von den Schreibern des Neuen Testaments
mit Jesus identifiziert – wird für die Sünden anderer bestraft. „Aber
er ist um unsrer Missetat willen verwundet und um unsrer Sünde
willen zerschlagen. Die Strafe liegt auf ihm, auf dass wir Frieden
hätten, und durch seine Wunden sind wir geheilt." (Jesaja 53,5)

Eine Jesaja-Schriftrolle, die unter den berühmten Qumran-Rollen entdeckt wurde. Weil Jesaja über Jesus wie ein Augenzeuge schrieb, haben sich manche gefragt, ob dieses Buch nicht erst nach Jesus geschrieben worden, also Geschichtsschreibung statt Prophetie sei. Doch diese Schriftrolle ist bereits ca. 100 v.Chr. entstanden.

• Bekannter Vers

„Denn uns ist ein Kind geboren, ein Sohn ist uns gegeben, und die Herrschaft ruht auf seiner Schulter; und er heißt Wunder-Rat, Gott-Held, Ewig-Vater, Friede-Fürst." (Jesaja 9,6)

Jeremia

• *In einem Absatz zusammengefasst*

Gott beruft Jeremia, einen jungen Priester, den Israeliten die schlimmste Nachricht ihrer Geschichte zu bringen: Ihr Staat wird vernichtet werden. Jeremias Warnung erschüttert das Volk des Südstaates Juda, und König Josia leitet eine geistliche Reform ein. Doch nach dem Tod Josias ignoriert das Volk wieder das Gesetz Gottes und betet Götzen an. Entgegen Jeremias Warnung lehnt sich König Zedekia gegen die Babylonier auf. Babylon macht daraufhin die ummauerten Städte Judas dem Erdboden gleich – auch Jerusalem. Die Angreifer deportieren die meisten Überlebenden ins Gebiet des heutigen Irak. Jeremia wird verschont, weil er Juda den Rat zur Kapitulation gegeben hatte. Übrige verbleibende Juden zwingen ihn, gemeinsam mit ihnen nach Ägypten zu fliehen. Von seinem weiteren Leben wird uns nichts mehr berichtet.

• *Zentraler Gedanke*

Sünde führt zur Strafe. Doch Strafe ist nicht das Ende der Liebe Gottes. Er verspricht, Israel wiederherzustellen.

• *Autor/Zeit*

Jeremia wirkte von 627 bis 586 v.Chr. und diktierte das Buch seinem Schreiber Baruch.

• *Hauptpersonen*

Jeremia, dem in einer Vision Jerusalem als zerstört gezeigt wird
Jojakim, ein König, der die erste Prophezeiung Jeremias verbrannte, woraufhin dieser sie erneut aufschrieb
Zedekia, der letzte König von Juda

• *Wichtige Szene*

Nach etwa zweijähriger Belagerung durchbrechen babylonische Soldaten die Stadtmauern Jerusalems und metzeln das hungernde Volk nieder. Stein um Stein nehmen sie diese letzte jüdische Stadt auseinander und verschleppen die Überlebenden. Die Nation Israel existiert nicht mehr.

• *Bekannter Vers*

„Kann etwa ein Mohr seine Haut wandeln oder ein Panther seine Flecken? So wenig könnt auch ihr Gutes tun, die ihr ans Böse gewöhnt seid." (Jeremia 13,23)

Baruch

Archäologen haben einen Siegelabdruck in Ton gefunden, der von Baruch, dem Sekretär und Schreiber Jeremias, stammen könnte. Siegel wie das, das Baruchs Namen trägt, wurden auf weiche Lehmmasse gepresst, die alle Rollen verschlossen und versiegelten, die der Schreiber beschrieben hatte.

Das garantierte „Datenschutz", denn ein Leser musste das Siegel erst brechen, um die Rolle zu lesen.

In diesem Eindruck aus der Zeit Jeremias ist zu lesen: „Besitz des Berekhyahu/Sohn des Neriyahu/dem Schreiber". Die Bibel stellt den Helfer Jeremias als „Baruch, Sohn des Nerija" vor (Jeremia 32,12). Bemerkenswert ist, dass sogar Spuren eines Fingerabdrucks auf dem Siegel zu finden sind – vielleicht die des Baruch.

Klagelieder

• In einem Absatz zusammengefasst

Das Buch der Klagelieder ist das traurigste Buch der Bibel: bittere Wehklagen, geschrieben von einem Mann, der Zeuge des tragischsten Ereignisses im alten Israel wurde. Was das Leid angeht, kommt es fast dem Holocaust gleich. Einmarschierende Babylonier brennen Städte in Juda nieder, zuletzt Jerusalem. Die Überlebenden werden nach Babylon verschleppt. Den Staat Juda gibt es nicht mehr. All das sieht der Schreiber und weint sich die Augen aus. Dann betet er zu Gott, sein Volk wiederherzustellen.

• Zentraler Gedanke

Von Anfang bis Ende mussten die Juden immer wieder Leid ertragen. Das wird durch die Botschaft des Buches wie auch durch seine Struktur deutlich. Die meisten Kapitel enthalten 22 Verse – wie das hebräische Alphabet auch 22 Buchstaben enthält. Jeder Vers beginnt mit einem anderen Buchstaben des Alphabets von *aleph* über *bet* durch alle Buchstaben hindurch. Trauer und Leid – von Anfang bis Ende.

• Autor/Zeit

Autor ungenannt; die jüdische Tradition geht von Jeremia als Verfasser aus, weil er sich zur Zeit der Eroberung in Jerusalem befand.

• Hauptperson

Ein unbekannter Dichter, Augenzeuge des Falls Jerusalems

• Wichtige Szene

Babylonische Soldaten umkreisen Jerusalem und belagern es für etwa zwei Jahre. In der Stadt verwandelt Hunger die Menschen in Tiere: „Sieh, Herr, wem du so etwas angetan hast! Soll denn eine Mutter die Frucht ihres Leibes essen, ihre Kinder, die auf ihren Knien saßen?" (Klagelieder 2,20; NLÜ)

• *Bekannter Vers*
„Deine Treue ist groß." (Klagelieder 3,23)

Hesekiel

• *In einem Absatz zusammengefasst*
Ein junger Jerusalemer Priester namens Hesekiel wird gemeinsam mit anderen Juden der Oberschicht nach Babylon deportiert. Ohne einen Tempel kann Hesekiel nun nicht als Priester arbeiten. Doch Gott beruft ihn zum Propheten und weist ihn an, das Ende des Staates Juda vorauszusagen. Nach dem Fall Jerusalems gibt Gott ihm eine neue Botschaft mit: die Wiederherstellung Israels.

• *Zentraler Gedanke*
Mit Gott gibt es selbst in den hoffnungslosesten Situationen Hoffnung.

• *Autor/Zeit*
„ ... da geschah das Wort des Herrn zu Hesekiel, dem Sohn des Busi, dem Priester" (Hesekiel 1,3). Er wirkte von 593–571 v. Chr. als Prophet.

• *Hauptperson*
Hesekiel, Priester und Prophet

• *Wichtige Szene*
In einer Vision wird Hesekiel zu einem Tal voller trockener menschlicher Knochen geführt. Es sieht aus, als habe dort ein Massaker stattgefunden. Dann wird plötzlich das Tal von klappernden Geräuschen erfüllt. Knochen fügen sich zusammen, Muskeln und Haut beginnen über die Skelette zu wachsen. Und dann bläst ein Wind Leben in die Leichname. „... diese Gebeine sind das ganze Haus Israel", spricht Gott, „ich will eure Gräber auftun und hole euch, mein Volk, aus euren

Ein neuer Bund mit Gott

Es ist nicht alles Verhängnis, was Jeremia weissagt. Es gibt auch Hoffnung.

Mit der Zeit wird Gott den Juden erlauben, in ihr Heimatland zurückzukehren und es wieder aufzubauen.

Gott wird auch einen neuen Bund mit ihnen schließen, der die mehrere Hundert alten Gesetze, die so schwer zu halten sind, ersetzen wird:

„Ich will mein Gesetz in ihr Herz geben und in ihren Sinn schreiben, und sie sollen mein Volk sein und ich will ihr Gott sein. Und es wird keiner den andern noch ein Bruder den andern lehren und sagen: ‚Erkenne den Herrn', sondern sie sollen mich alle erkennen, beide, Klein und Groß, spricht der Herr." (Jeremia 31,33-34)

Die neutestamentlichen Schreiber sagen, dass Jesus den neuen Bund eingeführt und die Gesetze des Mose, die viele Juden noch heute befolgen, für überholt erklärt hat. So hat er die Tür zur Rettung für jeden geöffnet.

Hesekiels eigenartiges Verhalten

Der Prophet Hesekiel spielte seinen Zuhörern viele seiner prophetischen Botschaften vor, um ihnen zu helfen, sich an sie zu erinnern.

• Er rasierte seinen Kopf und verbrannte etwas von seinen Haaren, einige Strähnen zerschnitt er und andere überließ er dem Wind. Das symbolisierte, was den Juden beim Einmarsch der Babylonier geschehen sollte. Einige würden im Feuerangriff sterben, andere hingerichtet, der Rest im Ausland zerstreut.

Gräbern herauf und bringe euch ins Land Israels" (Hesekiel 37,11-12).

• **Bekannter Vers**
„Ihr verdorrten Gebeine, höret des Herrn Wort!" (Hesekiel 37,4)

Daniel

• **In einem Absatz zusammengefasst**
Babylon, die neue Supermacht, unterbindet Auflehnung, indem sie die fähigsten Leute aus unterworfenen Nationen nach Babylon verschleppt – unter ihnen Daniel. Daniel wirkt – mit Auszeichnung – als Ratgeber für die babylonischen Könige und später für die Perser, die Babylon erobern. Er verstand sich auf Traumdeutung und Zukunftsvoraussagen. Die zweite Hälfte des Buchs enthält Daniels bizarre Träume, die auf das Ende der Menschheitsgeschichte hinzudeuten scheinen. Es schließt mit der ersten ausdrücklichen biblischen Erwähnung eines (ewigen) Lebens nach dem Tod.

• **Zentraler Gedanke**
Gott ist am Ruder, sogar dann, wenn es so aussieht, als würde alles auseinanderfallen. Er wird die verstreuten Bruchstücke Israels zurückbringen.

• **Autor/Zeit**
Autor ungenannt, vielleicht Daniel oder jemand, der die Geschichten und Weissagungen zusammengestellt hat. Daniel wurde um 605 v.Chr. gefangen genommen und diente über 60 Jahre als Berater im Palast.

• **Hauptpersonen**
Daniel, ein Mann aus der jüdischen Oberschicht, der nach Jerusalem deportiert wird
Schadrach, Meschach, Abed-Nego, Daniels Freunde, die einen Hinrichtungsversuch in einem Feuerofen lebend überstehen. Sie hatten sich geweigert, ein Standbild anzubeten.

Eins der antiken Stadttore Babylons, im Irak wiederaufgebaut. Babylon, das nahe des heutigen Bagdad lag, war einst die Hauptstadt des babylonischen Reiches, das den Mittleren Osten beherrschte.

Nebukadnezar, Babylons mächtigster König, der Daniel und seine Freunde aus deren Heimatland nach Babylon deportierte

• *Wichtige Szene*

Weil er Gott statt den König angebetet hatte, muss Daniel zur Strafe eine Nacht in einer Löwengrube verbringen. Diesen Plan hatten eifersüchtige Palastdiener ausgeheckt, um Daniel loszuwerden. Sie hatten zuvor den König überzeugt, dass jedermann einen Monat lang nur zu *ihm* beten sollte – andernfalls drohe der Tod durch die Löwen. Von einem Engel beschützt, überlebt Daniel diese Nacht. Der König, wütend darüber, dass er von den Hofbeamten so manipuliert wurde, wirft diese nun mitsamt ihren Familien den Löwen vor.

- *Bekannter Vers*
„Mein Gott hat seinen Engel gesandt, der den Löwen den Rachen zugehalten hat." (Daniel 6,22)

Hosea

- *In einem Absatz zusammengefasst*
Gott befiehlt dem Propheten Hosea, eine Prostituierte namens Gomer zu heiraten, um damit etwas zu versinnbildlichen: Der Nordstaat Israel steht kurz davor, von seinen Angreifern vernichtet zu werden – eine Bestrafung Gottes für jahrhundertelangen Götzendienst. Gomer steht für Israel, ein Volk, das geistlichen Ehebruch begangen hat. Hosea repräsentiert Gott. Gomer bringt drei Kinder zur Welt, wahrscheinlich ist Hosea von keinem dieser Kinder der Vater. Dann verlässt sie Hosea und wird wieder Prostituierte. Auf Gottes Befehl kauft Hosea sie von ihrem neuen Herrn zurück. Auch dies ist ein Symbol: Wenn Israel umkehrt, wird Gott vergeben, es lieben und seinen Zorn von ihm abwenden (Hosea 14,4).

- *Zentraler Gedanke*
Es ist nie zu spät, Gott um Vergebung zu bitten. Er wird sie uns gewähren.

- *Autor/Zeit*
Hosea, der von 750–722 v.Chr. als Prophet wirkte, als Assyrien in Israel einmarschierte.

- *Hauptpersonen*
Hosea, ein Prophet im Nordstaat Israel
Gomer, Hoseas Ehefrau, eine ehemalige Prostituierte

- *Wichtige Szene*
Ein Prophet Gottes heiratet eine Prostituierte, weil Gott es ihm befiehlt.

- *Bekannter Vers*
„Denn sie säen Wind und werden Sturm ernten." (Hosea 8,7)

Joel

• *In einem Absatz zusammengefasst*

Heuschrecken ziehen über Israel hinweg und verwüsten das Land, verschlingen Feldfrüchte und Wildpflanzen und fressen sogar die Rinde von den Bäumen ab. Eine Hungersnot tritt ein. Der Prophet benutzt diese Katastrophe als Gegenstandslektion für ein anderes Ereignis: „Denn der Tag des Herrn kommt und ist nahe ... so kommt ein großes und mächtiges Volk" (Joel 2,1-2). Dieser Einmarsch ist Gottes Strafe für die Sünde des Volkes. Doch welche Invasion ist gemeint? Die der Assyrer um 700 v.Chr.? Oder die der Babylonier im 6. Jahrhundert v.Chr.? Oder die Alexanders des Großen im 4. Jahrhundert? Welche auch immer – Joel sagt: Für die Umkehr und die Verschonung von Strafe ist es noch nicht zu spät.

• *Zentraler Gedanke*

Am Tag, den Joel „Tag des Herrn" nennt, wird Gott in die Menschheitsgeschichte eingreifen. Dies war in vergangenen Zeiten gut, weil Gott den Israeliten half. Doch in der Zukunft wird das verheerend sein, denn Gott kommt, um die Israeliten zu bestrafen, wenn sie nicht umkehren.

• *Autor/Zeit*

Joel, Sohn des Petuël. Die Bibel gibt uns keine weitere Informationen über ihn.

• *Hauptperson*

Joel, ein jüdischer Prophet, der vor einer militärischen Invasion warnt

• *Wichtige Szene*

„Denn es zieht herauf in mein Land ein Volk, mächtig und ohne Zahl; das hat Zähne wie die Löwen und Backenzähne wie die Löwinnen. Es verwüstet meinen Weinstock und frisst meinen Feigenbaum kahl, schält ihn ganz und gar ab, dass seine Zweige weiß dastehen." (Joel 6,1-7)

• *Bekannter Vers*

„Macht aus euren Pflugscharen Schwerter und aus euren Sicheln Spieße!" (Joel 4,10)

Amos

• *In einem Absatz zusammengefasst*

Gott beruft Amos, einen Hirten und Feigenzüchter im Südstaat Juda, um dem wohlhabenden Nordreich Israel eine ernste Warnung zu übermitteln: Hört auf, die Armen auszubeuten! Reiche verkaufen Arme in die Sklaverei, um Schulden zu bezahlen, die so klein sind wie der Preis von Sandalen. Richter nehmen Schmiergelder. Die Israeliten sind nur scheinbar fromm – ihrem Gottesdienst fehlt die Aufrichtigkeit. Wenn sich das nicht sofort ändert, sagt Amos, wird Gott die Nation zerstören. Vielleicht hat Amos noch erlebt, wie Assyrien Israel dezimiert hat.

• *Zentraler Gedanke*

Wohlstand ist kein Zeichen für die Gunst Gottes. Manchmal ist es nur ein Zeichen für Ausbeutung. Dafür hat Amos eine knappe Warnung parat (siehe unten).

• *Autor/Zeit*

Amos, Mitte des 8. Jahrhunderts v.Chr.

• *Hauptperson*

Amos, ein Hirte und Feigenzüchter

• *Wichtige Szene*

Fette Kühe von Samaria – Frauen, die die Armen unterdrücken und dann ihre Ehemänner um einen Drink bitten – werden von den Invasoren gefangen genommen und an durch die Nase gezogenen Widerhaken weggeführt „wie Fische am Angelhaken".

• *Bekannter Vers*

„Bereite dich, Israel, und begegne deinem Gott!" (Amos 4,12)

Obadja

• *In einem Absatz zusammengefasst*

Soldaten marschieren im Südstaat Juda ein und fangen an, eine Stadt nach der anderen zu zerstören – am Ende ist Jerusalem dran. Einige Flüchtlinge rennen um ihr Leben und fliehen nach Edom, dem heutigen Jordanien. Doch die Menschen dort hassen die Juden und liefern sie den Angreifern aus. Der Prophet Obadja sagt, dass die Juden eines Tages zurückkehren werden, und zwar wie ein loderndes Feuer – „das werden sie anzünden und verzehren, sodass vom Hause Esau nichts übrig bleibt" (Obadja 18).

• *Zentraler Gedanke*

Gott behandelt uns so, wie wir andere behandeln.

• *Autor/Zeit*

Obadja, ein Prophet, der vor der Zerstörung Judas durch die Babylonier (586 v.Chr.) wirkte. *Obadja* bedeutet „Diener des Herrn". Manche Gelehrte nehmen daher an, dass das nicht der Name des Autors war, sondern lediglich die Beschreibung eines sonst anonymen Propheten.

• *Hauptperson*

Obadja, ein Prophet, der den Fall Edoms und die Rückkehr Israels vorausgesagt hat

• *Wichtige Szene*

Jüdische Flüchtlinge fliehen vor der einmarschierenden Armee, werden vom Nachbarvolk Edom aber nur schadenfroh kichernd begrüßt. Diese Nachbarn töten einige Juden, liefern andere den Babyloniern aus, stehlen ihr Eigentum und plündern ihre Häuser (Obadja 13-14).

• *Bekannter Vers*

„Wie du getan hast, soll dir wieder geschehen." (Obadja 15)

Jona

• *In einem Absatz zusammengefasst*

Gott schickt einen Propheten namens Jona auf eine furchtbare Mission. Er soll der Stadt Ninive, der Hauptstadt von Assyrien, eine Warnung überbringen. Assyrien ist eins der grausamsten Reiche der Menschheitsgeschichte. Ein paar Jahrzehnte später wird es die Städte Israels

dem Erdboden gleichmachen. Jonas Warnung: Ninive wird bald zerstört werden. Doch statt diese Botschaft nun zu überbringen (und eine Hinrichtung zu riskieren), bucht er ein Schiff in Gegenrichtung. Doch Gott schickt einen Sturm, um ihn zu stoppen. Mit Jonas Erlaubnis wirft ihn die Schiffsbesatzung über Bord, um die See zu beruhigen. Ein Fisch verschluckt Jona und spuckt ihn an einer Küste wieder aus. Nun überbringt Jona der Stadt Ninive seine Nachricht – und die Menschen tun Buße. Daraufhin verschont Gott die Stadt.

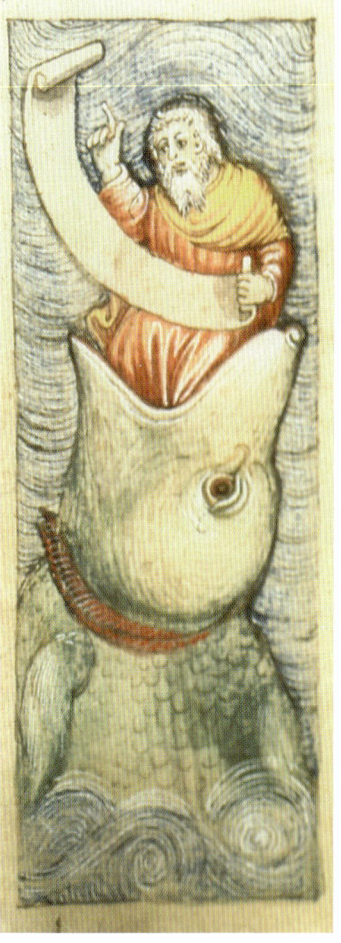

• *Zentraler Gedanke*
Gott liebt jeden, auch die schlimmsten Sünder, die ihn nicht lieben.

• *Autor/Zeit*
Verfasser ist Jona, Sohn des Amittai, oder jemand, der seine Geschichte erzählt. In 2. Könige 14,25 wird erwähnt, dass derselbe Prophet im Nordreich Israel im 8. Jahrhundert v.Chr. wirkte.

• *Hauptperson*
Jona, ein jüdischer Prophet, der nach Ninive (im heutigen Irak) gesandt wurde.

• *Wichtige Szene*
Ein heftiger Sturm droht, ein Schiff zu versenken. Also werfen die Seeleute ein Opfer ins Meer: Jona. Er geht willig, da er weiß, dass er der Grund für den Sturm ist. Ein riesiger Fisch unbestimmter Art verschluckt ihn, bringt ihn an ein Ufer und spuckt ihn aus (Jona 1).

Petra im heutigen Jordanien ist jetzt eine von Touristen besuchte Geisterstadt. Früher war sie die Hauptstadt Edoms – ein Volk, das die Juden an die Angreifer verriet.

Wal oder Fisch?

Die Bibel sagt nicht, dass ein Wal Jona verschluckte. Sie beschreibt den Fisch als dag gadol, was im Hebräischen wörtlich meint: „großer Fisch". Im wirbelnden Sturm hat Jona möglicherweise den Fisch nie gesehen. Und falls doch, hätte er wohl nicht erkannt, was für ein Fisch es war. Die meisten Juden waren Hirten und somit Landratten, keine Meeresfischer.

Propheten, die abspringen wollten

Jona war nicht der einzige Prophet, der versuchte, von seiner Aufgabe abzuspringen. Diese Propheten wussten, dass ihre Worte sie umbringen konnten. Hier sind einige ihrer Entschuldigungen:

Mose: „Ach, mein Herr, ich bin von jeher nicht beredt gewesen, auch jetzt nicht." (2. Mose 4,10)

Jesaja: „Denn ich bin unreiner Lippen und wohne unter einem Volk von unreinen Lippen." (Jesaja 6,5)

Jeremia: „Ich bin zu jung." (Jeremia 1,1)

• *Bekannter Vers*

„Und Jona war im Leibe des Fisches drei Tage und drei Nächte." (Jona 1,17)

Micha

• *In einem Absatz zusammengefasst*

Ein Kleinstadtprophet nimmt sich die Reichen und Mächtigen Israels (Nordreich) und Judas (Südreich) vor. Er überbringt vernichtenden Tadel vonseiten Gottes, kritisiert die Reichen dafür, dass sie über die Armen herfallen, Richter, dass sie Schmiergelder kassieren, Propheten, dass sie ihre Worte für Geld verkaufen, und die Massen, dass sie Götzen anbeten. Für das und mehr – warnt Micha – wird Gott beide Staaten auslöschen. Doch zu gegebener Zeit, so fügt Micha hinzu, wird Gott die Juden in ihrem Heimatland wiederherstellen, und alle Kriege werden aufhören.

• *Zentraler Gedanke*

Sünde verursacht Leid, Strafe und Tod. Doch selbst nach dem Schlimmsten, was Sünde anrichten kann, gewährt Gott denen Vergebung, Barmherzigkeit und Wiederherstellung, die bereit sind, dies anzunehmen.

• *Autor/Zeit*

Micha aus Moreschet (Micha 1,1), ein Prophet, der drei Könige erlebte, die insgesamt 55 Jahre regierten (742–678 v.Chr.).

• *Hauptperson*

Micha, ein Prophet aus der Provinz; er wohnte einen Tagesmarsch von Jerusalem entfernt

• *Wichtige Szene*

Ein Herrscher wird in Bethlehem geboren werden – eine Weissagung, von der Juden glauben, dass sie sich auf den verheißenen Messias bezieht, der eines Tages Israel retten wird. „Er aber wird auftreten und weiden in der Kraft des Herrn und in der Macht des Namens des Herrn, seines Gottes … Und er wird der Friede sein." (Micha 5,1-4)

• *Bekannter Vers*
„Sie werden ihre Schwerter zu Pflugscharen und ihre Spieße zu Sicheln machen." (Micha 4,3)

Nahum

• *In einem Absatz zusammengefasst*
Ungefähr ein Jahrhundert, nachdem das assyrische Reich den Nordstaat Israel ausradiert hat, schikaniert Assyrien unausgesetzt das Südreich Juda und andere Staaten des Nahen Ostens, indem es diese zu hohen Abgaben zwingt. In dieser Situation trifft der Prophet Nahum mit einer Botschaft von Gott ein: „Ein Grab will ich dir machen, denn du bist zunichte geworden" (Nahum 1,14).

• *Zentraler Gedanke*
Keine Macht der Welt kann es mit Gott aufnehmen.

• *Autor/Zeit*
Nahum, ein Prophet. Möglicherweise lebte er zwischen der Eroberung der ägyptischen Stadt Theben durch die Assyrer (663 v.Chr.) – da er dies erwähnt – aber vor der Eroberung Assyriens durch die Babylonier (612 v.Chr.), die er voraussagt.

• *Hauptperson*
Nahum, ein Prophet im Südstaat Juda

• *Wichtige Szene*
Ninive, Hauptstadt des mächtigen assyrischen Reichs (das sich von der heutigen Türkei bis nach Ägypten erstreckte), fällt einer einmarschierenden Armee zum Opfer. „Da liegen viele Erschlagene, eine Unzahl von Leichen; ihrer ist kein Ende, sodass man über sie fallen muss" (Nahum 3,3). Dazu bestimmt, sich zur nächsten Supermacht zu entwickeln, verschlingen die Babylonier das assyrische Gebiet.

• *Bekannter Vers*
„Der Herr ist geduldig und von großer Kraft, vor dem niemand unschuldig ist." (Nahum 3,1)

Habakuk

• *In einem Absatz zusammengefasst*

Der israelitische Prophet Habakuk beklagt sich bei Gott: „Herr, wie lange soll ich schreien und du willst nicht hören? Wie lange soll ich zu dir rufen: ‚Frevel!‘, und du willst nicht helfen?" (Habakuk 1,2). Habakuk spricht hier über Sünde in seinem Staat Juda. Als Gott antwortet und ihm mitteilt, dass er die babylonische Armee schicken wird, um die Israeliten zu bestrafen, ist Habakuk erstaunt: Die Babylonier sind doch noch schlimmere Sünder! Habakuk kann nicht verstehen, warum Gott ihnen erlaubt, Menschen zu vernichten, die gerechter sind als sie selbst. Gott versichert Habakuk, dass die Babylonier mit der Zeit ihrem eigenen Gerichtstag entgegensehen werden. In der Zwischenzeit fordert Gott alle gerechten Menschen auf, ihm zu vertrauen. Habakuk nimmt die Herausforderung an und verspricht Gott seine Ergebenheit.

• *Zentraler Gedanke*

Wir vertrauen Gott, egal, was geschieht.

• *Autor/Zeit*

Habakuk, ein Prophet, der vermutlich im Vierteljahrhundert nach der Eroberung Assyriens durch die Babylonier (612 v.Chr.), doch vor der Zerstörung Jerusalems (586 v.Chr.) gewirkt hat.

• *Hauptperson*

Habakuk, ein israelitischer Prophet, der die Gerechtigkeit Gottes infrage stellt

• *Wichtige Szene*

Eine einmarschierende Armee wütet durch die Heimat der Israeliten, tötet Menschen, zerstört die Ernte, plündert den Viehbestand und sonstigen Wohlstand. Doch Habakuk hält an seinem Vertrauen zu Gott fest: „Aber ich will mich freuen des Herrn und fröhlich sein in Gott, meinem Heil. Denn der Herr ist meine Kraft, er wird meine Füße machen wie Hirschfüße und wird mich über die Höhen führen." (Habakuk 3,18-19)

• *Bekannter Vers*

„Der Gerechte aber wird durch seinen Glauben leben." (Habakuk 2,4)

Warum müssen gute Menschen leiden?

Die Bibel beantwortet diese Frage nicht.

Hiob stellte diese Frage. Und Gott antwortete: „Wer ist's, der den Ratschluss verdunkelt mit Worten ohne Verstand?" (Hiob 38,2)

Habakuk stellte sie. Und Gott antwortete, dass er geduldig sein solle (Habakuk 2,3).

Die Jünger stellten sie, als sie den blindgeborenen Mann sahen und annahmen, dass seine Blindheit eine Bestrafung für Sünde sei. Jesus antwortete: „Es hat weder dieser gesündigt noch seine Eltern, sondern es sollen die Werke Gottes offenbar werden an ihm" (Johannes 9,3). Dann heilte er ihn.

Zefanja

• *In einem Absatz zusammengefasst*

Der Prophet Zefanja warnt seine Mitbürger im Südstaat Juda, dass Gottes Geduld am Ende ist und er kurz davor ist, sie für das jahrhundertelange Leben in Sünde zu bestrafen. Und Zefanja fügt hinzu – und es liest sich wie ein apokalyptisches Verhängnis –, dass die ganze Welt zerstört werden wird. Manche Bibelexperten meinen indes, dass sich diese Aussagen nur auf das jüdische Volk beziehen. Wie dem auch sei: Der Jüngste Tag ist nicht der letzte Tag. Nach der Zerstörung wird Gott sein verstreutes Volk sammeln und es nach Hause bringen: „Sie sollen weiden und lagern ohne alle Furcht" (Zefanja 3,13).

• *Zentraler Gedanke*

Gott bestraft wild wuchernde Korruption und Ungerechtigkeit – manchmal auch so dramatisch, wie er es in Noahs Zeiten durch die Flut getan hat.

• *Autor/Zeit*

Der Prophet Zefanja, der wahrscheinlich einige Jahrzehnte vor dem Fall Judas durch die Babylonier (586 v.Chr.) lebte.

• *Hauptperson*

Zefanja, ein Prophet, der die Zerstörung Judas – und vielleicht der ganzen Welt – voraussagt

• *Wichtige Szene*

„Ich will alles vom Erdboden wegraffen, spricht der Herr. Ich will Mensch und Vieh, die Vögel des Himmels und die Fische im Meer wegraffen; ich will zu Fall bringen die Gottlosen, ja, ich will die Menschen ausrotten vom Erdboden" (Zefanja 1,2-3). Der Befehl zur Zerstörung kehrt den Befehl zur Schöpfung in 1. Mose 1 um – als ob Gott die Schöpfung ungeschehen machen wollte.

- *Bekannter Vers*

„Ich will in dir übrig lassen ein armes und geringes Volk; die werden auf des Herrn Namen trauen." (Zefanja 2,3)

Haggai

- *In einem Absatz zusammengefasst*

Ungefähr 20 Jahre, nachdem die Israeliten aus dem Exil in ihre Heimat zurückgekehrt sind, haben sie den Tempel in Jerusalem noch nicht wieder aufgebaut. Nach einer Missernte im Jahr 520 v.Chr. sagt der Prophet Haggai dem Volk, dass sie mehr Ernteausfälle zu erwarten haben, sofern sie nicht mit der Arbeit am Tempel beginnen. Auf der Stelle organisieren sie den Aufbau innerhalb von drei Wochen und stellen noch vor dem Winter das Fundament fertig. Ermutigt versichert Haggai ihnen, dass sie in den folgenden Jahreszeiten gute Ernten zu erwarten hätten. Dreieinhalb Jahre nach dem Arbeitsbeginn wird der Tempel eingeweiht.

- *Zentraler Gedanke*

Manchmal hält Gott Segnungen und Wohlergehen zurück, um die Aufmerksamkeit von Menschen zu erregen. Umgekehrt kann er Segnungen auch als Belohnung austeilen. Doch ist dies kein Universalgesetz, wie die Geschichte Hiobs bestätigt.

- *Autor/Zeit*

Haggai, ein Prophet, der im 6. Jahrhundert v.Chr. lebte, nachdem die Juden aus dem Exil in ihre Heimat zurückgekehrt waren.

- *Hauptperson*

Haggai, der die Juden zum Bau des Tempels drängt

- *Wichtige Szene*

„Ihr sät viel und bringt wenig ein; ihr esst und werdet doch nicht satt; ihr trinkt und bleibt doch durstig; ihr kleidet euch und könnt euch doch nicht erwärmen; und wer Geld verdient, der legt's in einen löchrigen Beutel." (Haggai 1,6)

- *Bekannter Vers*

„So spricht der Herr Zebaoth: Dies Volk spricht: Die Zeit ist noch nicht da, dass man des Herrn Haus baue ... Aber eure Zeit ist da, dass ihr in getäfelten Häusern wohnt, und dies Haus muss wüst stehen!" (Haggai 1,3)

Sacharja

• *In einem Absatz zusammengefasst*

Sacharja lebte zur gleichen Zeit in Jerusalem wie Haggai und überbrachte ähnliche Botschaften. 18 Jahre zuvor waren die Juden aus dem Exil zurückgekehrt, ohne bislang den Tempel wiederaufgebaut zu haben – den einzigen Platz, wo es ihnen erlaubt war, zu opfern und Gott anzubeten. Sacharja drängt das Volk dazu, sowohl den Tempel als auch den Rest der Stadt wiederaufzubauen. Auch ruft er die Menschen zur Gerechtigkeit, und er verspricht, dass, obwohl Gott die Frevler bestraft, er den Bußfertigen vergeben wird. „Kehrt euch zu mir, spricht der Herr Zebaoth, so will ich mich zu euch kehren" (Sacharja 1,3). Sacharja beschließt sein Buch mit prophetischen Kapiteln über die herrliche Zukunft Israels unter der Führung des Messias.

• *Zentraler Gedanke*

„Mein Haus soll darin wieder aufgebaut werden ... Es sollen meine Städte wieder Überfluss haben an Gutem." (Sacharja 1,16-17)

• *Autor/Zeit*

Sacharja, Sohn des Berechja und Enkel des Iddo (Sacharja 1,1). Sacharja empfing 520 v.Chr. Botschaften von Gott, im Herbst des zweiten Regierungsjahrs des Königs Darius.

• *Hauptperson*

Sacharja, ein Prophet und Priester, der das Volk dazu drängt, den Aufbau Jerusalems zu vollenden

• *Wichtige Szene*

Irgendwann, nachdem Jerusalem wieder aufgebaut ist, wird ein einzigartiger und demütiger König erscheinen, der auf einem Esel reitet. „Denn er wird Frieden gebieten den Völkern, und seine Herrschaft wird sein von einem Meer bis zum andern und vom Strom bis an die Enden der Erde" (Sacharja 1,16 17). Die Schreiber des Neuen Testaments sagen, dass Jesus diese Prophezeiung 500 Jahre später erfüllt hat.

• *Bekannter Vers*

„Du, Tochter Zion, freue dich sehr, und du, Tochter Jerusalem, jauchze! Siehe, dein König kommt zu dir, ein Gerechter und ein Helfer, arm und reitet auf einem Esel, auf einem Füllen der Eselin." (Sacharja 9,9)

Maleachi

• *In einem Absatz zusammengefasst*

Vielleicht ein Jahrhundert nachdem die Juden aus dem Exil zurückgekehrt waren, um ihre Nation wieder aufzubauen, vergessen sie die Hauptlektion, die sie die Verbannung gelehrt haben sollte: Gott bestraft Sünde. Sie beten zwar keine Götzen an (die Hauptsünde, die zum Exil führte), aber sie missachten viele andere Gesetze Gottes. Sie geben nicht mehr den zehnten Teil ihres Einkommens an den Tempel. Sie lügen vor Gericht, beuten Arme aus und bringen kranke Tiere als Opfer.

• *Zentraler Gedanke*

Gott möchte echte Anbetung, die aus Hingabe und Liebe heraus entspringt. Er ist nicht an Menschen interessiert, die lediglich gedankenlose Rituale praktizieren.

Wann haben (manche) Christen begonnen, den Zehnten zu geben?

Die für manche schockierende Antwort: im 19. Jahrhundert.

Das Neue Testament erwähnt nirgends das Geben des Zehnten durch Christen. Und Kirchenführer der ersten Jahrhunderte äußerten, dass Christen nicht den Zehnten geben, sondern Opfergaben im Sinne von Spenden. Diese Leiter lehrten, dass der Zehnte Teil des alten, gesetzlichen jüdischen Systems gewesen sei – ähnlich der Tieropfer, der koscheren Speisegesetze und der Beschneidung. Diese, so sagten sie, seien überholt, seitdem Jesus einen neuen Bund zwischen den Menschen und Gott aufgerichtet hat.

Christen waren ursprünglich finanziell nicht so unter Druck wie in unseren Tagen, weil sie keine Kirchengebäude unterhalten mussten. Dies war deshalb der Fall, weil die Römer die Christen ächteten und sich die Gläubigen heimlich in Privathäusern treffen mussten. Erst im 4. Jahrhundert, nachdem Rom das Christentum für rechtmäßig erklärt hatte, begannen die Gläubigen mit dem Kirchenbau. Von Zeit zu Zeit legen Kirchenführer in bestimmten Gebieten in der Welt den Menschen eine Kirchensteuer auf (so auch die Volkskirchen in Deutschland), doch erst im 19. Jahrhundert begannen Prediger darauf zu bestehen, dass es für den Zehnten eine biblische Begründung gebe. Kirchengeschichtler haben nicht eine einzige Predigt vor dieser Zeit gefunden, die sich mit dem Zehnten befasst.

Im 19. Jahrhundert hat die Kirche große Missionskampagnen begonnen, die finanziert werden mussten. Einige Prediger führten ins Feld, dass die alttestamentlichen Gesetze über den Zehnten nicht allein den Juden gelten, sondern moralische Gesetze seien, die auf jedermann angewandt werden sollten – wie die Zehn Gebote.

Selbst Christen, die damit nicht übereinstimmen, haben indessen verstanden, dass man Geld braucht, um die Kirchentüren geöffnet zu halten – und dass Gott einen „fröhlichen Geber" liebt (2. Korinther 9,7).

• *Autor/Zeit*

Entweder handelt es sich um einen Propheten namens Maleachi oder um einen sonst unbekannten Verfasser, der allgemein beschreibend *Maleachi* (= „mein Botschafter") genannt wird. Hinweise im Buch legen nahe, dass der Autor im 5. Jahrhundert v.Chr. gelebt hat.

• *Hauptperson*

Maleachi, ein Prophet, der unaufrichtige Anbetung in Israel anprangert

• *Wichtige Szene*

Statt dem jüdischen Gesetz zu gehorchen und die besten Tiere als Opfer in den Tempel zu bringen, opfern viele Juden den Ausschuss ihrer Herden. Maleachi spricht einen ernsten Tadel des Herrn aus: „Denn wenn ihr ein blindes Tier opfert, so haltet ihr das nicht für böse; und wenn ihr ein lahmes oder ein krankes opfert, so haltet ihr das auch nicht für böse. Bring es doch deinem Fürsten! Meinst du, dass du ihm gefallen werdest oder dass er dich gnädig ansehen werde? ... Dass doch einer unter euch die Türen zuschlösse, damit ihr nicht umsonst auf meinem Altar Feuer anzündet! Ich habe kein Gefallen an euch." (Maleachi 1,8.10)

• *Bekannter Vers*

„Euch aber, die ihr meinen Namen fürchtet, soll aufgehen die Sonne der Gerechtigkeit und Heil unter ihren Flügeln." (Maleachi 4,2)

Die Bibel, die von Jesus berichtet

Ein kurzer Überblick

Gottes neuer Bund

Neues Testament meint „neue Vereinbarung" – wie in einem neuen Bund zwischen Gott und den Menschen. Das Alte Testament handelt von Gottes erstem Bund mit den Juden. Das Neue Testament handelt von Gottes letztem Bund mit allen Menschen.

Das Neue Testament nimmt den Faden des Alten Testaments wieder auf. Es besteht aus 27 Büchern, die über einen Zeitraum von 50 Jahren von verschiedenen Autoren verfasst wurden. Die Juden warteten darauf, dass Gott einen neuen Bund mit ihnen schließt, der den alten ersetzen soll, der auf Tieropfern und Hunderten von Gesetzen basiert. Ebenfalls warteten sie auf einen neuen König, den Messias („den Gesalbten"), der Frieden bringen wird.

Das Neue Testament stellt beides vor: Jesus, der Friedefürst, ist der Messias. Die ersten vier Bücher im Neuen Testament erzählen seine Geschichte: Matthäus, Markus, Lukas und Johannes. Sie werden *Evangelien* genannt, das vom griechischen *euangelion* abgeleitet ist und „gute Nachricht" meint.

Das übrige Neue Testament besteht vorwiegend aus Briefen an Gemeinden und Einzelpersonen, geschrieben von Führungspersonen der Gemeinde wie Paulus, Petrus und Johannes. Diese Briefe legen dar, dass Tod und Auferstehung Jesu das Ende des alten Bundes zwischen Gott und der Menschheit markieren. Durch das Opfer Jesu, der am Kreuz starb, ist das bisherige Opfersystem überholt. Die jüdischen Gesetze, die das Leben regeln sollen, sind nun nicht mehr nötig, da der Heilige Geist in jedem wohnt, der an Jesus Christus glaubt, und uns lehrt, richtig und falsch zu unterscheiden.

Schwerpunkte des Neuen Testaments sind:

- Gott sendet seinen Sohn Jesus, um die Menschen zu lehren, wie man als Bürger des (geistlichen) Reiches Gottes zu leben hat.

- Jesus nimmt die Todesstrafe, die die Menschen für ihre Sünden verdient haben, auf sich.

- Jesus steht von den Toten wieder auf und zeigt so seinen Nachfolgern, dass es ein Leben nach dem Tod gibt.

- Bevor er in den Himmel zurückkehrt, gebietet Jesus seinen Nachfolgern, seine Lehren auf der ganzen Welt zu verbreiten.

- Der Heilige Geist kommt und gibt Christen geistliche Kraft und Wegweisung.

- Juden und später auch Nichtjuden schließen sich der neuen Bewegung an, die später die christliche Kirche hervorbringt.

- Prediger und Propheten drängen die Christen, in Frieden und Demut zu leben, während sie geduldig darauf warten sollen, dass Jesus wiederkommt.

Die Bibliothek des Neuen Testaments

Matthäus · Markus · Lukas · Johannes   Apostel-geschichte

Geschichte der Anfänge der Kirche

Römer · 1. Korinther · 2. Korinther · Galater · Epheser · Philipper · Kolosser · 1. Thessalonicher · 2. Thessalonicher · 1. Timotheus · 2. Timotheus · Titus · Philemon

Paulusbriefe

Hebräer · Jakobus · 1. Petrus · 2. Petrus · 1. Johannes · 2. Johannes · 3. Johannes · Judas

Allgemeine Briefe

Offenbarung

Prophetie

Was ist das Besondere an Matthäus?

Matthäus ist das jüdischste der vier Evangelien. Darum ist es eine perfekte Verbindung zwischen der jüdischen Bibel (dem Alten Testament) und dem christlichen Neuen Testament. Das Alte Testament sagt das Kommen eines Retters voraus, und Matthäus berichtet von seiner Ankunft. Matthäus zitiert die jüdische Bibel mehr als jedes andere Evangelium. Er erwähnt ca. 60 Weissagungen und erklärt, Jesus sei die Erfüllung jeder einzelnen davon. Das nächste Evangelium, Markus, zitiert lediglich halb so oft Prophetien.

Buch für Buch

Matthäus

• In einem Absatz zusammengefasst

In Bethlehem bringt eine Jungfrau einen Nachkommen des Königs David zur Welt – so wie es alttestamentliche Propheten vorausgesagt haben. Sein Name ist Jesus. Maria empfing ihn vom Heiligen Geist. Dies hat ein Engel Josef, dem Bräutigam Marias, erklärt und hinzugefügt, dass das wunderbare Kind das Volk von seinen Sünden retten wird (Matthäus 1,21). Jesus wächst als Zimmermannssohn in Nazareth auf. Im Alter von 30 Jahren (oder etwas mehr) beginnt er zu heilen und zu lehren. Seine Worte und Wunder sind so überwältigend, dass viele Menschen annehmen, er sei der Messias, von dem die Propheten gesagt haben, dass dieser einmal kommen wird, um Israel zu retten. Jüdische Gelehrte neiden ihm daraufhin seine Popularität. Manche fürchten, dass er einen Aufstand anführen wird, den die Römer sicher niederschlagen würden, wobei sie unterdessen das Land der Juden weiter schwächen. Heimlich nehmen sie Jesus gefangen und überzeugen den römischen Statthalter, ihn als Aufrührer zu kreuzigen. Jesus steht von den Toten wieder auf und gibt seinen Nachfolgern eine Verpflichtung auf den Weg, die auch als Missionsbefehl bekannt ist: „Darum gehet hin und machet zu Jüngern alle Völker" (Matthäus 28,19).

• Zentraler Gedanke

Jesus ist der von Gott versprochene Messias für Israel. Er soll das Volk retten und es in Frieden regieren. Die Juden hatten Gottes Versprechen missverstanden, weil sie nur an einen Messias in politischen Dimensionen dachten. Doch was Jesus an Heil und Friede anbietet, übertrifft ihre größten Erwartungen – es reicht bis in die geistliche Welt hinein und währt für ewig.

• Autor/Zeit

Frühe Kirchenführer gingen davon aus, dass das Evangelium von Matthäus geschrieben wurde, einem Steuereinnehmer, der einer der zwölf Jünger Jesu wurde.

• Hauptpersonen

Jesus, Sohn Gottes in einem menschlichen Körper

zwölf Jünger, Nachfolger Jesu

Maria, die Mutter Jesu

Josef, Marias Ehemann und dem Gesetz nach der Vater Jesu

Pilatus, ein römischer Statthalter, der Jesus zum Tode verurteilt

• Wichtige Szene

An einem frühen Sonntagmorgen gehen trauernde Frauen zum Grab Jesu, um seinen Leichnam zu salben und finden ihn lebend vor. Er spricht zu ihnen: „Seid gegrüßt" und „Fürchtet euch nicht!" (Matthäus 28,9-10)

• Bekannter Vers

„Alles nun, was ihr wollt, dass euch die Leute tun sollen, das tut ihnen auch!" (Matthäus 7,12)

Wann wurde Jesus geboren?

So merkwürdig es klingt: Jesus wurde möglicherweise zwischen 7 und 4 v.Chr. (vor Christus!) geboren.

König Herodes starb 4 v.Chr. Dieser hatte versucht, den jungen Jesus zu töten, indem er anordnete, alle Jungen aus Bethlehem, die jünger als zwei Jahre alt waren, abzuschlachten. Falls Herodes kurz nach diesem Blutbad starb und Jesus zu diesem Zeitpunkt zwei Jahre alt war, würde man die Geburt Jesu auf 6 v.Chr. zurückdatieren.

Der heutige, 1582 von Papst Gregor VIII. zur Ehre Jesu eingeführte Kalender geht auf fehlerhafte Berechnungen zurück.

Der Stern von Bethlehem

Matthäus ist das einzige Evangelium, das die Geschichte von den weisen Männern aus dem Osten (heute möglicherweise Iran oder Irak) erzählt, die einem Stern bis nach Bethlehem folgen.

Einige antike Astrologen lehrten, dass das Erscheinen eines neuen Sterns die Geburt eines zukünftigen König anzeige. Und da dieser Stern irgendwie auf das Heimatland der Juden deutete, schlossen die weisen Männer, dass das Kind der „König der Juden" werde (Matthäus 2,2).

Die meisten Bibelgelehrten schätzen, dass Jesus zwischen 6 und 4 v.Chr. geboren ist. Theorien darüber, was es mit dem Stern auf sich hat, gibt es einige:

- Es könnte eine Supernova sein, wie sie von den Chinesen im Jahr 5 v.Chr. berichtet wurde.

- Manches spricht für eine Konjunktion des Jupiter (der für „Könige" steht) und des Saturn (der für „Juden" steht) im Sternbild Fische (das für das „Land Israel" steht) im Jahr 7 v.Chr.

- Der Stern ist eine geistliche Erscheinung, vielleicht wie die Feuersäule, die Mose und Israeliten beim Auszug aus Ägypten geführt hat.

Die Bergpredigt

Jesus hielt die bekannteste Predigt in der Bibel – die Bergpredigt.

Sie liest sich wie eine Sammlung seiner prägnantesten Lehren. Die Bergpredigt umspannt die Kapitel 5-7 und enthält berühmte Passagen wie die folgenden:

„Selig sind die Barmherzigen; denn sie werden Barmherzigkeit erlangen." (Matthäus 5,7)

Das ist nur *eine* Beschreibung für geistliches Glück, die in einer kleinen Sammlung weiser Aussprüche zu finden ist, die man die „Seligpreisungen" nennt. Weitere Beispiele:

„Ihr seid das Licht der Welt ... So lasst euer Licht leuchten vor den Leuten, damit sie eure guten Werke sehen und euren Vater im Himmel preisen." (Matthäus 5,14.16)

„Liebt eure Feinde und bittet für die, die euch verfolgen." (Matthäus 5,44)

„Habt acht auf eure Frömmigkeit, dass ihr die nicht übt vor den Leuten, um von ihnen gesehen zu werden ... lass deine linke Hand nicht wissen, was die rechte tut." (Matthäus 6,1.4)

„Darum sollt ihr so beten: ‚Unser Vater im Himmel! Dein Name werde geheiligt. Dein Reich komme. Dein Wille geschehe wie im Himmel so auf Erden.'" (Matthäus 6,9-10)

„Ihr sollt euch nicht Schätze sammeln auf Erden ... sammelt euch aber Schätze im Himmel." (Matthäus 6,19-20)

Markus

• *In einem Absatz zusammengefasst*

Markus ist das kürzeste, tempogeladenste und aktionreichste der vier Evangelien. Der Autor überspringt die etwas langwierigen Geschichten über Geburt und Kindheit und geht gleich zu Jesu Taufe – dem Startpunkt für das Wirken Jesu als Lehrer und Heiler. Jesus wählt ein Dutzend Jünger aus, damit sie ihm folgen und von ihm lernen. Dann macht er sich an sein Lebenswerk, welches nur ungefähr drei (irdische) Jahre andauern wird. Seine Predigten sind so frisch und voller Erkenntnisse und seine Heilungswunder so erstaunlich, dass die Massen anzieht, wo immer er sich aufhält. Religiöse Gelehrte, die seine abseits der Tradition stehenden Ideen hassen, versuchen ihn in Verruf zu bringen, indem sie ihn öffentlich herausfordern. Doch Jesus gelingt es immer wieder, sie zu beschämen. Nun hören sie auf, mit ihm zu diskutieren und verhaften ihn heimlich, versuchen ihm Irrlehren nachzuweisen und überzeugen die Römer, ihn als Aufrührer zu kreuzigen, der behaupte, der „König der Juden" zu sein. Jesus wird freitags um 9 Uhr morgens ans Kreuz genagelt und stirbt gegen 3 Uhr nachmittags. Bei Sonnenuntergang wird er begraben. Am Sonntagmorgen steht er dann von den Toten wieder auf.

• *Zentraler Gedanke*

Jesus leidet für die Sünden der Menschheit und nimmt die Strafe auf sich, die die Menschen verdient haben – so wie im Alten Testament Opfertiere gestorben sind, um die Strafe für die Sünden zu tragen.

Seite 86: Nach dreijähriger Wirkungszeit wird Jesus gekreuzigt. Jüdische Führer verurteilten ihn wegen Gotteslästerung zum Tode, da er behauptet hat, er sei Gottes Sohn. Dann überzeugten sie den römischen Statthalter, ihn als einen Aufrührer hinrichten zu lassen, der behauptet habe, er sei der König der Juden.

87

Markus legt besonderen Nachdruck auf das Leiden Jesu. Das kurze Evangelium enthält lediglich 16 Kapitel, und die letzten sechs widmen sich der letzten Woche – heute Karwoche genannt.

Falls das Markusevangelium um 60 n.Chr. geschrieben wurde, wie viele Experten vorschlagen, würde die Betonung der Leiden für Gläubige eine besondere Bedeutung bekommen haben. 64 n.Chr. begann nämlich Kaiser Nero, die Christen zu verfolgen, nachdem er sie beschuldigt hatte, das Feuer angezündet zu haben, das Rom zu zwei Dritteln zerstört hat. Solche Verfolgungen gingen über drei Jahrhunderte hinweg mit Unterbrechungen weiter, abhängig davon, wer gerade Kaiser war.

- *Autor/Zeit*

Kirchenführer im 2. Jahrhundert n.Chr. – ein paar Jahrzehnte nach der Abfassung dieses Evangeliums – gingen davon aus, dass der Verfasser Johannes Markus ist und er seine Informationen von Petrus, dem führenden Jünger, empfangen hat.

- *Hauptpersonen*

Jesus, Gottes Sohn
zwölf Jünger, Nachfolger Jesu
Pilatus, ein römischer Statthalter, der Jesus zum Tode verurteilt

Warum musste Jesus sterben?

Warum konnte Gott nicht mit einem weniger schmerzvollen Plan aufwarten, um die Menschheit von ihren Sünden zu retten? Warum musste er seinen Sohn schicken, damit dieser gefoltert und hingerichtet wird? Das klingt so sinnlos grausam. Könnte ein allwissender Gott das nicht besser machen?

Wenn wir einmal die theologischen Theorien, warum Jesus sterben musste, herunterdampfen, bleibt Folgendes übrig: Theorien. Es ist ein Rätsel, das wir Menschen nicht völlig erfassen können. Die Bibel erklärt nicht immer die Gedankengänge, die hinter dem stehen, was Gott tut oder nicht tut. Sie stellt einfach die Tatsache fest: Jesus hat „sich selbst für unsre Sünden dahingegeben ... dass er uns errette von dieser gegenwärtigen, bösen Welt nach dem Willen Gottes" (Galater 1,4).

Doch wissen wir, was Jesu Tod bewirkt hat. Seine Kreuzigung ...

- ... zeigt bildlich, wie todernst Sünde aus Gottes Sicht ist. „Denn der Sünde Sold ist der Tod." (Römer 6,23)

- ... erfüllte die Forderung Gottes nach der Todesstrafe für alle Sünder. „Gott aber erweist seine Liebe zu uns darin, dass Christus für uns gestorben ist, als wir noch Sünder waren." (Römer 5,8)

- ... bereitete die Bühne für die Auferstehung vor – sie wurde zum überzeugenden Zeichen dafür, dass Gläubige ihr Leben für Gott aufs Spiel setzen können, da der Tod nicht das Ende ist. Dies gab den Jüngern – die sich während der Kreuzigung versteckt hielten – die Zuversicht, einige Wochen später zu den Jerusalemer Massen zu sprechen, unter ihnen die jüdischen Führer, die die Hinrichtung Jesu herbeigeführt hatten. Das war die Geburtsstunde der Gemeinde.

Der Sarg des Mörders Jesu

Der Steinsarg (eigentlich ein Knochen-
kasten [Ossuar]) des Kaiphas, der 1990
in Jerusalem gefunden wurde. Er enthält
die Knochen eines Mannes um die 60.
Die meisten Gelehrten meinen, dies
sei wahrscheinlich der Hohepriester
Kaiphas, der Jesus zum Tode verurteilte. Die Bibel nennt ihn schlicht Kaiphas,
doch bezeichnet ihn ein jüdischer
Geschichtsschreiber des ersten Jahrhunderts als „Josef, genannt Kaiphas" und
geht gleichzeitig davon aus, dass es sich
bei „Kaiphas" um einen Familiennamen
handelt. Auf dem kunstvollen Sarg ist ein-
graviert: „Josef, Sohn des Kaiphas".

- *Wichtige Szene*

Nach einem die ganze Nacht andauernden geheimen Verhör durch den
jüdischen Hohen Rat (der höchsten religiösen Autorität der Juden) wird
Jesus durch die Römer hingerichtet, die nur zögernd dem jüdischen
Verlangen entgegenkommen. Jesus wird ans Kreuz genagelt und stirbt
nach sechs Stunden (Markus 15).

- *Bekannter Vers*

„So gebt dem Kaiser, was des Kaisers ist, und Gott, was Gottes ist!"
(Markus 12,17)

Lukas

- *In einem Absatz zusammengefasst*

Wie Gabriel, der Engel Gottes, versprochen hat, bringt Maria (noch Jungfrau und mit Josef verlobt) Jesus, den Sohn Gottes zur Welt. Als Zwölf-
jähriger beeindruckt Jesus jüdische Gelehrte mit seinem Verständnis der
heiligen Schriften. Mit dreißig Jahren fängt er an, als Lehrer zu wirken
und Blinde, Verkrüppelte und Taube zu heilen. Dafür beginnen ihn die
Schriftgelehrten zu hassen. Jesus stimmt mit vielen ihrer strikten Gesetze nicht überein, da er meint, dass diese weit über das von Gott Beabsich-
tigte hinausgehen. Zum Beispiel sind die Gelehrten dagegen, Menschen

Was ist das Besondere an Lukas?

Einige der berühmtesten Geschichten der Bibel finden wir nur bei Lukas. Unter ihnen sind:

- der neugeborene Jesus in der Krippe
- Engel, die den Hirten auf dem Feld Jesu Geburt ankündigen
- das Gleichnis vom barmherzigen Samariter
- das Gleichnis vom verlorenen Sohn
- die Witwe, die ihr letztes „Scherflein" weggab

am Sabbat zu heilen, da Heilung eben „Arbeit" sei, aber Gott den Sabbat als Ruhetag geschaffen habe. Jesus fragt sie, was für einen Sinn es macht, dass man am Sabbat zwar ein Tier aus einem Graben zieht und das als akzeptabel ansieht, sich andererseits aber weigert, einer kranken Person zu helfen. Hilflos gegen seine Argumentation entscheiden sich die Gelehrten dafür, Jesus mundtot zu machen. Um einen Aufstand der Massen, die Jesus bewunderten, zu verhindern, nehmen ihn die Schriftgelehrten nachts heimlich gefangen und schleusen ihn hastig durch eine die ganze Nacht andauernde Gerichtsverhandlung. Am nächsten Morgen, einem Freitag, richten ihn die Römer hin. Doch am Sonntag steht Jesus wieder von den Toten auf. In den nun folgenden 40 Tagen erscheint er vielen seiner Nachfolger, geht beruhigend auf ihre Ängste ein und bereitet sie darauf vor, eine neue Glaubensbewegung anzufangen, die später das Christentum genannt werden wird.

• Zentraler Gedanke
Jesus ist der Retter der Menschheit. Matthäus und Markus benutzen nicht einmal das Wort „Retter". Doch Lukas, wahrscheinlich ein Nichtjude, sucht sorgfältig Geschichten aus, die zeigen, dass das Heil für jeden gedacht ist – nicht nur für die Juden: „... denn meine Augen haben deinen Heiland (= Retter) gesehen, den du bereitet hast vor allen Völkern, ein Licht, zu erleuchten die Heiden" (Lukas 2,20-32).

• Autor/Zeit
Kirchenführer im 2. Jahrhundert n.Chr. identifizierten den Schreiber mit Lukas, der ihrer Auffassung nach auch eine Fortsetzung geschrieben hat, die in der frühen Kirche Apostelgeschichte genannt wurde. Lukas war ein Mitarbeiter des Paulus – ein Arzt, den Paulus einmal als „Lukas, der Arzt, der Geliebte" bezeichnet hat. (Kolosser 4,14)

• Hauptpersonen
Jesus, Gottes Sohn
zwölf Jünger, Nachfolger Jesu
Maria, die Mutter Jesu
Josef, Ehemann der Maria und nach dem Gesetz Vater Jesu
Pilatus, ein römischer Statthalter, der Jesus zum Tode verurteilte

Jesus kam, um machtlosen Menschen zu helfen – wie diesen armen Hirten. Vielleicht war das der Grund, warum Gott den Hirten die Ehre gab, die ersten Besucher des Jesuskindes zu sein.

• Wichtige Szene

In einem Verschlag – vielleicht einer Höhle, in der nachts das Vieh untergebracht war – liegt der neugeborene Sohn Gottes in einem Futtertrog. Seine ersten Besucher sind keine königlichen Würdenträger, wie es ihm als König angemessen wäre, sondern einfache Hirten – die Machtlosen der Gesellschaft, wie die Menschen, zu denen er kommen sollte.

• Bekannter Vers

„... denn euch ist heute der Heiland geboren, welcher ist Christus, der Herr, in der Stadt Davids. Und das habt zum Zeichen: Ihr werdet finden das Kind in Windeln gewickelt und in einer Krippe liegen " (Lukas 2,11-12)

Johannes

• In einem Absatz zusammengefasst

Bevor er seinen Dienst beginnt, bittet Jesus Johannes den Täufer, ihn zu taufen. Danach wählt Jesus ein

Jesus in der Geschichtsschreibung

Der Jude Flavius Josephus, ein Historiker, der sieben Jahre nach Jesu Kreuzigung geboren wurde, schrieb über Jesus. Hier sind einige Auszüge:

- „... Jesus, ein Mensch voll Weisheit, wenn man ihn überhaupt einen Menschen nennen darf ..."

- „... Auf Anklage der Vornehmen bei uns verurteilte ihn Pilatus zum Kreuzestod ..."

- „Er erschien ihnen (den Jüngern) nämlich am dritten Tage wieder lebend."

Was ist das Besondere an Johannes?

Radikal anders als die anderen drei Evangelisten, wird Johannes von einem einzigen Ziel getrieben: zu zeigen, dass Jesu der heilige Sohn Gottes ist. Jesu Lehren und Wunder sind sorgfältig ausgewählt, damit der Leser zu diesem Schluss kommt.

Matthäus, Markus und Lukas werden „synoptische Evangelien" genannt. Das Wort „synoptisch" meint vom Griechischen her: „zusammen gesehen". Wenn wir die drei anderen Evangelien nebeneinander betrachten, gibt es auffallende Parallelen. Doch Johannes ist ganz und gar anders. Hier sind einige Hauptunterschiede:

• Johannes platziert Jesus gleich bei der Schöpfung, um seine Gottheit zu unterstreichen. Jesus wird das „Wort" (griech. *logos*) genannt. Diesen Begriff benutzten griechische Philosophen, um den kosmischen Urgrund des Universums zu beschreiben – eine Macht, die „immer existiert" und durch die „alle Dinge geschehen".

• Im Johannesevangelium finden sich nur sieben Wunder, vom Verfasser „Zeichen" genannt –

Beweise der Göttlichkeit Jesu.

• Jesus beschreibt sich mit sieben „Ich bin"-Worten, zum Beispiel: „Ich bin das Brot des Lebens", „der gute Hirte" und „das Licht der Welt". Als Mose am brennenden Dornbusch Gott nach seinem Namen fragte, antwortete dieser: „Ich bin" (2. Mose 3,14).

• Die Lehren Jesu und die von ihm benutzten Symbole haben oft verschiedene Bedeutungsebenen. Wenn Jesus sich „Brot des Lebens" nennt, denken Leser an verschiedene Bilder, die man damit verbinden könnte:

Das **Passabrot**, das die versklavten Israeliten in der Nacht vor ihrer Befreiung aus Ägypten aßen;

Manna, das vom Himmel fiel und sie in der Wüste vom Verhungern rettete;

Brot als bedeutendstes Grundnahrungsmittel;

Abendmahlsbrot, das Jesu gebrochenen Leib darstellt.

Dutzend Jünger aus – Männer aus der Arbeiterschicht und keine Theologiestudenten. Dann tritt er zu seinem Dienst an, lehrt und heilt – was die erste Hälfte des Buches beansprucht. Die zweite Hälfte berichtet über Jesu letzte Woche und beginnt damit, wie er Lazarus von den Toten auferweckt. Danach reitet er auf einem Esel in Jerusalem ein – unter dem Jubel der Menschenmenge, die ihn wie einen König willkommen heißt: „Gelobt sei, der da kommt in dem Namen des Herrn, der König von Israel!" (Johannes 12,13). Das findet an einem Tag statt, an den später der „Palmsonntag" erinnern wird. Die Führer der Juden nehmen ihn am Donnerstagabend gefangen, weil sie auf seine Popularität eifersüchtig sind und auch befürchten, dass Jesus eine aussichtslose Revolte gegen die römischen Besatzer anführen könnte. Sie verhören ihn die ganze Nacht. Am Freitag bei Tagesanbruch bringen sie ihn zu Pilatus, dem römischen Statthalter, und zwingen diesen dazu, zu befehlen, dass Jesus hingerichtet wird. Vor Sonnenuntergang ist Jesus tot, doch am Sonntagmorgen lebt er wieder. Diese Auferstehung beflügelt die Jünger, ihr eigenes Leben durch die Verbreitung der frohen Botschaft von Jesus zu riskieren. Schließlich ist ihnen die Wahrheit dessen klar geworden, was Jesus immer gesagt hatte: „Wer an mich glaubt, der wird leben, auch wenn er stirbt" (Johannes 11,25).

• *Zentraler Gedanke*
„Diese (Zeichen) aber sind geschrieben, damit ihr glaubt, dass Jesus der Christus ist, der Sohn Gottes, und damit ihr durch den Glauben das Leben habt in seinem Namen." (Johannes 20,30)

• *Autor/Zeit*
Frühe Kirchenführer gingen davon aus, dass das Evangelium von einem der nahestehendsten Jünger Jesu verfasst wurde: Johannes, dem Bruder des Jakobus und Sohn des Zebedäus.

• *Hauptpersonen*
Jesus, der heilige Sohn Gottes
zwölf Jünger, Nachfolger Jesu
Johannes der Täufer, ein Verwandter Jesu, der diesen zu Beginn seines Wirkens taufte

• *Wichtige Szene*
Maria Magdalena weint vor dem Grab Jesu. Sie war mit anderen Frauen dorthin gekommen, um seinen Leichnam zum Begräbnis vorzubereiten, doch der Leichnam ist fort – gestohlen, wie sie glaubt. Während sie weint, hört sie eine vertraute Stimme: „Maria". Sie dreht sich um und sieht Jesus vor sich stehen (Johannes 20).

Johannes der Täufer in der Geschichtsschreibung

Ein Jude namens Flavius Josephus, der im ersten Jahrhundert Geschichtsereignisse aufschrieb, sagte, dass viele Juden glaubten, dass ein Herrscher namens Herodes Agrippa eine wichtige Schlacht verlor als Bestrafung für das, was er Johannes dem Täufer angetan hat. Johannes sei ein guter Mann gewesen, der den Juden befohlen habe, Tugenden zu üben und sich taufen zu lassen.'

• *Bekannter Vers*
„Denn also hat Gott die Welt geliebt, dass er seinen eingeborenen Sohn gab, damit alle, die an ihn glauben, nicht verloren werden, sondern das ewige Leben haben" (Johannes 3,16). In diesem Vers wird die ganze Geschichte Jesu in einem Satz verdichtet. Das Evangelium in einer Nussschale, wie Martin Luther es formulierte.

Während die römischen Wachleute vor dem Grab Jesu schlafen, entdeckt Maria Magdalena, dass Jesus von den Toten auferstanden ist.

Apostelgeschichte

• *In einem Absatz zusammengefasst*

Nachdem er mehrere Wochen mit seinen Jüngern verbracht hat, kehrt der auferstandene Jesus in den Himmel zurück. Doch bevor er davongeht, beauftragt er die Jünger, nach Jerusalem zu gehen und auf den Heiligen Geist zu warten. Der Geist kommt dann und befähigt sie plötzlich, in Sprachen zu reden, die sie gar nicht kennen. Sie gehen hinaus zu den Menschenmassen, die sich wegen eines religiösen Festes in Jerusalem befinden. Dann fangen sie an, von Jesus zu predigen und Heilungswunder zu vollbringen. 3 000 Menschen bekehren sich. Das ist die Geburtsstunde der christlichen Gemeinde. Die jüdischen Führer verfolgen die Christen, töten gar einen von ihnen namens Stephanus. Viele fliehen aus der Stadt. Sie nehmen ihren neuen Glauben mit und verbreiten ihn in den Nachbargebieten. Paulus, ein früherer jüdischer Hardliner, startet dann eine organisierte missionarische Bewegung. Er gründet überall im Römischen Reich Gemeinden. Nach drei Jahrzehnten wird er gefangen genommen und zur Gerichtsverhandlung vor den Kaiser zitiert. Die Apostelgeschichte endet damit, dass Paulus sich in römischer Gefangenschaft befindet. Kirchenführer gingen ein Jahrhundert später davon aus, dass er enthauptet wurde.

• Zentraler Gedanke
Durch die Kraft des Heiligen Geistes entsteht die Gemeinde.

• Autor/Zeit
Kirchenführer im 2. Jahrhundert nahmen an, dass Lukas der Autor ist. Er soll auch das Vorläuferbuch, das Lukasevangelium, geschrieben haben. Lukas war Mitarbeiter des Paulus. Paulus bezeichnet ihn als „den Arzt, den Geliebten" (Kolosser 4,14).

• Hauptpersonen
Paulus, ein brutaler Gegner des Christentums, bevor er sich bekehrte und zum berühmtesten Missionar der Christenheit wurde
Petrus, Führungsgestalt unter den zwölf Jüngern Jesu
Barnabas, ein Führer der Gemeinde und Begleiter des Paulus in seinem Missionsdienst

• Wichtige Szene
Paulus ist auf dem Weg nach Damaskus, um jüdische „Irrlehrer" gefangen zu nehmen, die glauben, Jesus sei Gottes Sohn. Dort wird er von einem Licht aus dem Himmel geblendet. Die Stimme von Jesus fragt ihn: „Warum verfolgst du mich?" (Apostelgeschichte 9,4)

• Bekannter Vers
„Ihr werdet die Kraft des Heiligen Geistes empfangen, der auf euch kommen wird, und werdet meine Zeugen sein in Jerusalem und in ganz Judäa und Samarien und bis an das Ende der Erde." (Apostelgeschichte 1,8)

Die ersten „Christen"

Diejenigen, die sich zu den Lehren des Christus bekehrten, wurden erst ungefähr ein Jahrzehnt nach der Kreuzigung Jesu „Christen" genannt. Zunächst bezeichneten sich die Gläubigen als Anhänger des „Weges" (Apostelgeschichte 24,14). In einer von Paulus und Barnabas geleiteten Gemeinde in Antiochia (Syrien) wurden die Gläubigen zum ersten Mal „Christen" genannt (Apostelgeschichte 11,26). Diese Bezeichnung mag aber ein Spottname gewesen sein – etwa wie die Bezeichnung „Moonies" für die Mitglieder der Vereinigungskirche von Sun Myung Moon.

DIE DREI MISSIONSREISEN DES PAULUS

Auf seinen Missionsreisen legte Paulus in 20 Jahren schätzungsweise 16 000 Kilometer zurück und gründete Gemeinden in weiten Teilen des Römischen Reiches.

Auf seiner ersten Reise, zu der er von der Gemeinde in Antiochia berufen wurde und bei der ihn Barnabas und Markus begleiteten, reiste er nach Zypern und dann nach Kleinasien.

DIE ERSTE MISSIONSREISE DES PAULUS

3. Paulus und Barnabas werden nach der Heilung eines Lahmen für Götter gehalten (Apg 14,8-13).

2. Der Zauberer Elymas wird blind (Apg 13,6-12).

1. Paulus und Barnabas segeln nach Zypern (Apg 13,4).

```
0        125        250 km
0        0    100    150 miles
```

Hinweg
Rückweg
jüdisches Siedlungsgebiet

DIE ZWEITE MISSIONSREISE DES PAULUS

5. Aufruhr nach einer Predigt des Paulus in der Synagoge (Apg 17,1-9).

4. Lydia wird getauft; Paulus und Silas im Gefängnis (Apg 16,13-40).

3. Paulus wird durch eine Vision nach Mazedonien berufen (Apg 16,6-10).

7. Paulus arbeitet mit Aquila und Priszilla zusammen (Apg 18,1-4).

6. Rede des Paulus auf dem Areopag (Apg 17,16-34).

2. Timotheus schließt sich Paulus und Silas an (Apg 16,3).

jüdisches Siedlungsgebiet

```
0        250        500 km
0    100    200    300 miles
```

Paulus nahm Silas mit auf seine zweite Missionsreise. Sie besuchten erneut die Gemeinden in Galatien, gingen dann nach Griechenland und besuchten dort Mazedonien, Athen und dann Korinth, wo Paulus zwei Jahre blieb.

Seine dritte Missionsreise führte Paulus nach Ephesus, der Hauptstadt der römischen Provinz Asia, wo er eine bedeutende christliche Gemeinde aufbaute. Von Ephesus aus breitete sich das Christentum über das westliche Kleinasien aus. Paulus kehrte dann über Korinth heim nach Jerusalem.

DIE DRITTE MISSIONSREISE DES PAULUS

5. Eutychus wird durch Paulus auferweckt (Apg 20,7-12).

1. Paulus besucht Gemeinden (Apg 18,23).

2. Zweijähriger Aufenthalt des Paulus; Aufstand (Apg 19,1-41).

4. Paulus kehrt durch Mazedonien zurück, statt nach Antiochia zu reisen (Apg 20,3).

3. Paulus segelt nach Mazedonien (Apg 20,1-2).

6. Paulus kehrt zum Pfingstfest nach Jerusalem zurück (Apg 20,16).

jüdisches Siedlungsgebiet

```
0        250        500 km
0    100    200    300 miles
```

Römer

• *In einem Absatz zusammengefasst*

Der Römerbrief ist der ausgefeilteste Brief des Paulus, und er liest sich so, als würde ein Theologieprofessor Neubekehrten die Grundlagen des Glaubens erklären. Nach ungefähr zwanzig Jahren Dienst und drei Missionsreisen mit dem Ziel, Gemeinden im ganzen Römischen Reich zu gründen, entscheidet Paulus, dass es Zeit sei, die Hauptstadt zu besuchen. Daher schreibt er den Christen in Rom diesen Brief, stellt sich selbst vor und fasst seine Ansichten über den christlichen Glauben zusammen. Paulus sagt, dass jeder gesündigt hat, doch dass Jesus gestorben ist, um uns von unseren Sünden zu retten. Alles, was wir tun müssen, ist, das zu glauben und das kostenlose Geschenk der Rettung durch Gott anzunehmen.

• *Zentraler Gedanke*

„Denn wenn du mit deinem Munde bekennst, dass Jesus der Herr ist, und in deinem Herzen glaubst, dass ihn Gott von den Toten auferweckt hat, so wirst du gerettet." (Römer 10,9)

• *Autor/Zeit*

Der Apostel Paulus schrieb diesen Brief an die Christen in Rom um 57 n.Chr. gegen Ende seiner letzten Missionsreise.

• *Hauptperson*

Paulus, ein ultrakonservativer Jude (Pharisäer), der sich zum Christentum bekehrte und zu einem der einflussreichsten Kirchenführer aller Zeiten wurde

• *Wichtige Szene*

Der auferstandene Jesus ist das Hoffnungszeichen für die Menschen; es ist der Sieg über Sünde und Tod. „So sind wir ja mit ihm begraben durch die Taufe in den Tod, damit, wie Christus auferweckt ist von den Toten durch die Herrlichkeit des Vaters, auch wir in einem neuen Leben wandeln." (Römer 6,4)

• *Bekannter Vers*

„Sie sind allesamt Sünder und ermangeln des Ruhmes, den sie bei Gott

---

Der „römische" Weg zum Heil

In seinem Brief an die Christen in Rom erklärt Paulus das Heil so:

• „Sie sind allesamt Sünder und ermangeln des Ruhmes, den sie bei Gott haben sollten." (Römer 3,23)

• „Denn der Sünde Sold ist der Tod." (Römer 6,23)

• „Gott aber erweist seine Liebe zu uns darin, dass Christus für uns gestorben ist, als wir noch Sünder waren." (Römer 5,8)

• „Denn wenn man von Herzen glaubt, so wird man gerecht; und wenn man mit dem Munde bekennt, so wird man gerettet." (Römer 10,10)

Säulen, die einmal den Apollos-Tempel gestützt haben, stehen als trauriges Andenken an die einstmals blühende Seehafenstadt Korinth — nun eine Ruine voller umgestürzter Steine.

haben sollten, und werden ohne Verdienst gerecht aus seiner Gnade durch die Erlösung, die durch Christus Jesus geschehen ist." (Römer 3,23-24)

1. Korinther

• *In einem Absatz zusammengefasst*

Zwei bis drei Jahre, nachdem er die Gemeinde in Korinth (Griechenland) gegründet hatte, erreichte Paulus eine verstörende Nachricht. Es gab gravierende Spaltungen in der Gemeinde darüber, wer die Leitung haben soll. Und ebenso wurde sich über eine große Vielzahl von Themen gestritten. Zum Beispiel, ob Christen heiraten sollten, ob sie Fleisch essen sollten, das zuvor Götzen geweiht worden war, wie man sich im Gottesdienst kleiden sollte, wie man das Abendmahl feiert, wie man mit denen umgehen sollte, die ihre geistlichen Gaben zur Schau stellen (besonders das Sprechen in „himmlischen Sprachen"), und wie man mit Menschen verfährt, die in sexuelle Verfehlungen verwickelt sind. In einem praktischen, innigen Brief spricht Paulus alle diese Probleme an und ermahnt die Gemeinde, mit den Zwistigkeiten aufzuhören und zusammenzuarbeiten.

• *Zentraler Gedanke*
„Ich ermahne euch aber, liebe Brüder, im Namen unseres Herrn Jesus Christus, dass ihr alle mit einer Stimme redet und lasst keine Spaltungen unter euch sein, sondern haltet aneinander fest in *einem* Sinn und in *einer* Meinung." (1. Korinther 1,10)

• *Autor/Zeit*
Paulus, um 55 n.Chr., zwei bis drei Jahre, nachdem er Korinth verlassen hatte.

• *Hauptperson*
Paulus, der erste christliche Missionar und u.a. Gründer der Gemeinde in Korinth

• *Wichtige Szene*
In der Gemeinde in Korinth streitet man darüber, wer ihr Führer sein soll. Manche favorisieren Paulus, andere Petrus, die Führungspersönlichkeit unter den Jüngern Jesu. Wieder andere bevorzugen einen populären Prediger namens Apollos. „Ich habe gepflanzt, Apollos hat begossen; aber Gott hat das Gedeihen gegeben", entgegnet Paulus, „... denn wir sind *Gottes* Mitarbeiter; ihr seid *Gottes* Ackerfeld und *Gottes* Bau." (1. Korinther 3,6.9)

• *Bekannter Vers*
„Wenn ich mit Menschen- und mit Engelzungen redete und hätte die Liebe nicht, so wäre ich ein tönendes Erz oder eine klingende Schelle." (1. Korinther 13,1)

2. Korinther

• *In einem Absatz zusammengefasst*
Reiseprediger, die Paulus „falsche Apostel" nennt, kommen in Korinth an und versuchen, seine Autorität zu untergraben und an die Macht zu kommen. Es ist nicht sicher, was genau diese Eindringlinge über Paulus sagen. Doch aus seiner Verteidigung lässt sich herauslesen, dass sie

meinen, er sei kein echter Apostel, sondern ein Egomane, der darauf aus sei, so viel Geld wie möglich herauszuschlagen. Paulus wendet ein, dass die Wunder, die er unter den Korinthern getan hat, bewiesen, dass sein Werk von Gott sei. Hinsichtlich des Ego-Vorwurfs entgegnet er: „Denn wir predigen nicht uns selbst, sondern Jesus Christus" (2. Korinther 4,5). Und im Hinblick auf die Finanzen erinnert er sie daran, dass er sich in Korinth als Zeltmacher selbst versorgt habe.

• Zentraler Gedanke
Paulus verteidigt sich als echten Kirchenführer. „Gebt uns Raum in euren Herzen! Wir haben niemand Unrecht getan, wir haben niemand verletzt, wir haben niemand übervorteilt." (2. Korinther 7,2)

• Autor/Zeit
Paulus, um 55 n.Chr., wenige Monate nach dem 1. Korintherbrief.

• Hauptperson
Paulus, Apostel und Gründer der Gemeinde in Korinth

• Wichtige Szene
Paulus musste wegen seines Dienstes ein unglaubliches Spektrum an Widrigkeiten erleiden: „... sondern in allem erweisen wir uns als Diener Gottes: in großer Geduld, in Trübsalen, in Nöten, in Ängsten, in Schlägen, in Gefängnissen, in Verfolgungen, in Mühen, im Wachen, im Fasten" (2. Korinther 6,4-5).

• Bekannter Vers
„Einen fröhlichen Geber hat Gott lieb." (2. Korinther 9,7)

Paulus' rätselhafter „Pfahl im Fleisch"

„Und damit ich mich wegen der hohen Offenbarungen nicht überhebe, ist mir gegeben ein Pfahl ins Fleisch, nämlich des Satans Engel, der mich mit Fäusten schlagen soll, damit ich mich nicht überhebe." (2. Korinther 12,7)

Bibelexperten spekulieren, was dieser Pfahl gewesen sein könnte:

• Etwas **Körperliches**, wie etwa Malaria, die er sich wahrscheinlich während einer Reise durch das südliche Sumpfland der heutigen Türkei eingefangen hatte.

Andere denken an ein Augenleiden.

• Etwas **Geistliches**, etwa sexuelle Versuchung (Paulus war unverheiratet).

• Etwas **Zwischenmenschliches** wie die Sorgen, die etwa die Korinther ihm machten.

Galater

• In einem Absatz zusammengefasst

Gott autorisiert Paulus, den Nichtjuden zu predigen und ihnen zu sagen, dass sie jüdische Bräuche nicht befolgen müssen, wenn sie Gott anbeten. Messianische Juden, die glauben, dass Jesus der Messias ist, versuchen indes die Bekehrten davon zu überzeugen, dass Paulus im Unrecht ist. Sie bestehen darauf, dass jeder, der Christ sein möchte, zunächst Jude werden und jüdische Traditionen befolgen muss. Paulus schreibt nun diesen emotional aufgeladenen Brief und verurteilt diese Vorstellungen. Er besteht darauf, dass allein der Glaube zur Rettung notwendig sei. Er benutzt die jüdische Geschichte, um diesen Punkt zu veranschaulichen, und beginnt dabei mit Abraham, einem gläubigen Mann, den Gott auserwählt hatte – Jahrhunderte bevor Gott die jüdischen Gesetze verkündete. Paulus sagt, dass die jüdischen Gesetze mit dem Kommen des „Nachkommens" (Jesus) hinfällig geworden sind. Statt nun nach dem jüdischen Gesetz zu leben, lebt nun jeder Christ gemäß des neuen Lebens im Heiligen Geist (Galater 5,16) – nun von Gesetzen geleitet, die ins Herz und nicht auf Schriftrollen geschrieben sind.

> **Paulus' härteste Worte**
>
> Enttäuschung, von spürbarem Zorn begleitet, macht sich laut und deutlich in einem einzigen Satz bemerkbar, den Paulus an seine hartnäckigsten Kritiker adressierte – dies waren Juden, die darauf bestanden, dass jeder Mann, der Christ werden wolle, zuerst ein Jude werden und sich beschneiden lassen müsse. „Sollen sie sich doch gleich verschneiden (= kastrieren) lassen, die euch aufhetzen!" (Galater 5,12)

• Zentraler Gedanke

Von nichtjüdischen Christen wird nicht mehr verlangt, dem Gesetz des Mose zu gehorchen (etwa Vorschriften über koscheres Essen oder die Beschneidung).

• Autor/Zeit

Paulus schrieb diesen Brief vermutlich in den 50er-Jahren des 1. Jahrhunderts n.Chr. an Gemeinden in der römischen Provinz Galatia, heute in der Zentraltürkei.

• Hauptpersonen

Paulus, Apostel und Missionar, der hauptsächlich unter den Nichtjuden arbeitete

Petrus, Führer der Jünger, der hauptsächlich unter den Juden wirkte

• Wichtige Szene

Der Apostel Petrus besucht die Gemeinde in Antiochia (Syrien) – eine gemischte Versammlung aus Juden und Nichtjuden. Petrus kommt gut mit allen aus, bis eine Delegation Jerusalemer Juden ankommt. Diese veranlassten ihn, nicht mit den Nichtjuden zu verkehren, die dem alten jüdischen Gesetz nach als rituell unrein angesehen werden. Paulus als mutiger Anwalt der Nichtjuden bietet Petrus angesichts dieses öffentlichen Affronts die Stirn: „Wenn du, der du ein Jude bist, heidnisch lebst und nicht jüdisch, warum zwingst du dann die Heiden, jüdisch zu leben?" (Galater 2,14)

• *Bekannter Vers*
„Denn was der Mensch sät, das wird er ernten." (Galater 6,7)

Epheser

• *In einem Absatz zusammengefasst*
Im Gefängnis sitzend schreibt Paulus einen warmen und ermutigenden Brief an die Versammlung in Ephesus in der heutigen Türkei. Er setzt sich nicht wie in den Korintherbriefen mit Gemeindeproblemen auseinander. Stattdessen gibt er seinen Mitchristen praktische Ratschläge, wie man als Christ leben sollte – die Art von Ratschlägen, wie sie heutzutage ein Pastor in seiner Predigt geben mag:

> Er wünscht, „dass Christus durch den Glauben in euren Herzen wohne und ihr in der Liebe eingewurzelt und gegründet seid" (Epheser 3,17).
> „Ertragt einer den andern in Liebe." (Epheser 4,2)
> „Legt von euch ab den alten Menschen mit seinem früheren Wandel ... und zieht den neuen Menschen an, der nach Gott geschaffen ist in wahrer Gerechtigkeit und Heiligkeit." (Epheser 4,22.24)

• *Zentraler Gedanke*
„Lebt in der Liebe, wie auch Christus uns geliebt hat und hat sich selbst für uns gegeben als Gabe und Opfer, Gott zu einem lieblichen Geruch." (Epheser 5,2)

• *Autor/Zeit*
Die Apostel Paulus schrieb diesen Brief, während er im Gefängnis saß, möglicherweise während einer zweijährigen Gefangenschaft in Rom, die um 60 n.Chr. begann.

- *Hauptperson*

Paulus, ein Reiseprediger, der drei Jahre in Ephesus verbracht hatte, um die Gemeinde dort aufzubauen

- *Wichtige Szene*

Christen sollten sich für die geistliche Kriegsführung „warm" anziehen. „Denn wir haben nicht mit Fleisch und Blut zu kämpfen, sondern mit Mächtigen und Gewaltigen, nämlich mit den Herren der Welt, die in dieser Finsternis herrschen, mit den bösen Geistern unter dem Himmel" (Epheser 6,12). Die geistliche Waffenrüstung besteht unter anderem aus Gottes Gerechtigkeit, Frieden, Heil und der Führung des Heiligen Geistes.

- *Bekannter Vers*

„Lasst die Sonne nicht über eurem Zorn untergehen." (Epheser 4,26)

Philipper

- *In einem Absatz zusammengefasst*

Aus dem Gefängnis schreiben Paulus und sein Mitarbeiter Timotheus diesen Dankesbrief an die Gemeinde in Philippi (Griechenland). Die Gemeinde hatte den beiden Männern gerade Geschenke überbringen lassen – vielleicht warme Kleidung, Geld und Lebensmittel. Zwischen Paulus und den Menschen in dieser Gemeinde gibt es eine besondere Verbindung. Diese Christen sind – soweit es die Bibel berichtet – die einzigen, die den Dienst des Paulus mit Geld unterstützen durften. An anderen Stellen hat sich Paulus selbst versorgt: als Pastor, der zum Broterwerb Zelte herstellte. Zusätzlich zu seinen Dankbarkeitsbekundungen bietet Paulus seelsorgerlichen Rat und Ermutigung, warnt die Christen in Philippi aber auch davor, dass sie eines Tages vielleicht für ihren Glauben leiden müssten – so wie Paulus und Timotheus es jetzt tun. Bis dahin, so Paulus, sollten die Philipper zusammenhalten, im Glauben vereint. „Was ihr gelernt und empfangen und gehört und gesehen habt an mir, das tut; so wird der Gott des Friedens mit euch sein." (Philipper 4,9)

- *Zentraler Gedanke*

„Wandelt nur würdig des Evangeliums Christi, damit ... ihr in *einem* Geist steht und einmütig mit uns kämpft für den Glauben des Evangeliums." (Philipper 1,27)

- *Autor/Zeit*

Paulus und Timotheus (Philipper 1,1) schrieben diesen Brief aus dem Gefängnis, vielleicht während der zweijährigen Haft des Paulus in Rom um 60 n.Chr.

- *Hauptpersonen*

Paulus, Apostel und Missionar, gründete die Gemeinde in Philippi
Timotheus, sein Mitarbeiter, ebenfalls Missionar

Griechische Läufer in antiken Wettkämpfen, die sich anstrengen, die Ziellinie zu erreichen, lieferten Paulus eine ausgezeichnete Illustration für das Leben als Christ. Für Gläubige – so Paulus – ist der Himmel der Preis.

- *Wichtige Szene*

Indem er sich auf ein Bild bezieht, das der Welt des antiken griechischen Sportwettkampfs entlehnt ist, vergleicht sich Paulus mit einem Läufer: „Ich ... jage nach dem vorgesteckten Ziel, dem Siegespreis der himmlischen Berufung Gottes in Christus Jesus" (Philipper 3,14).

- *Bekannter Vers*

„Darum hat ihn auch Gott erhöht ... dass in dem Namen Jesu sich beugen sollen aller derer Knie, die im Himmel und auf Erden und unter der Erde sind." (Philipper 2,10)

Kolosser

• **In einem Absatz zusammengefasst**

Paulus kommt zu Ohren, dass einige religiöse Lehrer in Kolossä einge-
troffen sind und dort eine verdrehte Sorte Evangelium verbreiten. Paulus hatte die Gemeinde in Kolossä nicht selbst gegründet, aber einer
seiner Mitarbeiter. So fühlt er sich verpflichtet, die dortigen Christen vor
dem zu beschützen, was er als „Philosophie und leeren Trug, gegründet
auf die Lehre von Menschen und auf die Mächte der Welt und nicht auf
Christus" bezeichnet (Kolosser 2,8). Die Eindringlinge reichern den
christlichen Glauben mit diesem und jenem aus dem Judentum sowie
aus Mysterienkulten an. Das brachte eine veränderte Lehre hervor: Der
Glaube an Jesus reicht für das Heil nicht aus – die Menschen müssen
jüdische Gesetze befolgen, ihrem Körper Bequemlichkeiten vorenthal-
ten, um Selbstdisziplin zu lernen sowie die Geheimnisse Gottes zu
erfahren, von denen diese Lehrer behaupten, dass sie diese kennen würden. Paulus drängt die Kolosser dazu, an den Lehren festzuhalten, die
sie durch seinen Mitarbeiter überliefert bekommen hatten. „Lasst das
Wort Christi reichlich unter euch wohnen: Lehrt und ermahnt einander in aller Weisheit." (Kolosser 3,16)

• **Zentraler Gedanke**

Jesus ist alles, was wir zur Rettung brauchen, „wenn ihr nur bleibt im
Glauben, gegründet und fest" (Kolosser 1,23).

• **Autor/Zeit**

Der Apostel Paulus schrieb diesen Brief an die Gemeinde in Kolossä in
der heutigen Westtürkei und unterschrieb ihn „mit meiner, des Paulus,
Hand" (Kolosser 4,18). Er befand sich im Gefängnis, vielleicht während
seiner zweijährigen Gefangenschaft in Rom um 60 n.Chr.

• **Hauptperson**

Paulus, ein reisender Diener Gottes, dessen Mitarbeiter die Gemeinde in Kolossä gegründet hatte

• **Wichtige Szene**

Paulus bittet die Christen in Kolossä eindringlich, die falschen Lehrer
zu ignorieren: „So lasst euch nun von niemandem ein schlechtes Gewis-
sen machen wegen Speise und Trank oder wegen eines bestimmten Fei-
ertages ... Lasst euch den Siegespreis von niemandem nehmen, der sich
gefällt in falscher Demut und Verehrung der Engel und sich dessen
rühmt, was er geschaut hat" (Kolosser 2,16.18).

• *Bekannter Vers*

„Und alles, was ihr tut mit Worten oder mit Werken, das tut alles im Namen des Herrn Jesus." (Kolosser 3,17)

1. Thessalonicher

• *In einem Absatz zusammengefasst*

Auf seiner zweiten Missionsreise gründet Paulus eilig eine Gemeinde in Thessalonich (Griechenland) und zieht dann weiter. Später wird ihm berichtet, dass die Neubekehrten in Thessalonich verfolgt werden und dass sie wissen wollten, wann Jesus wiederkommt. Paulus schreibt nun diesen Brief, in dem er sie daran erinnert, dass auch Jesus leiden musste. Er sagt ihnen, dass niemand weiß, wann Jesus wiederkommt; es wird unerwartet geschehen (1. Thessalonicher 5,2). Doch in der Zwischenzeit sollen sie wie Gottes Volk leben – ehrlich sein, einander lieben, sich um ihre Angelegenheiten kümmern und hart arbeiten, auch als positives Zeichen für die Nichtchristen in ihrer Umgebung.

• *Zentraler Gedanke*

„Denn ihr wisst, dass wir ... einen jeden von euch ermahnt und getröstet und beschworen haben, euer Leben würdig des Gottes zu führen, der

Wie man ein heiliges Leben lebt

„Er aber, der Gott des Friedens, heilige euch durch und durch und bewahre euren Geist samt Seele und Leib unversehrt, untadelig für die Ankunft unseres Herrn Jesus Christus."
(1. Thessalonicher 5,23)

Dies betete Paulus für die Gläubigen in Thessalonich.

Dieses Gebet klingt ähnlich wie das alte Gebot Gottes an alle, die zu seinem Volk gehören wollten: „Darum sollt ihr euch heiligen, sodass ihr heilig werdet, denn ich bin heilig" (3. Mose 11,44).

Doch was bedeutet das – heilig zu sein? Perfekt ist wohl nicht gemeint, denn wir sind nicht „durch und durch" perfekt. Hier ein paar Vorschläge:

• Heiligkeit ist ein Ziel. Wir sollen so weit wie möglich unser Leben nach einem vollkommenen Beispiel gestalten: Jesus.

• Es ist möglich, so weit zu reifen, dass wir nicht mehr sündigen – punktuell, wenn wir wissen, dass etwas falsch ist, entscheiden wir uns dann dafür, es nicht zu tun. Doch nur eine winzige Prozentzahl der Christen scheint zu glauben, dass es möglich ist, Versuchungen dauerhaft zu überwinden.

• Heiligkeit beschreibt Gott als einzigartig – alles übersteigend und über alles in der Schöpfung stehend. Menschen werden heilig, wenn sie ihm dienen. Hingabe an diesen einzigartigen Gott verwandelt sie in einzigartige Menschen – ein heiliges Volk. Dann macht ihr Leben deutlich, dass sie die Kinder ihres himmlischen Vaters sind.

euch berufen hat zu seinem Reich und zu seiner Herrlichkeit." (1. Thessalonicher 2,12)

• *Autor/Zeit*
Laut Briefkopf schrieben diesen Brief Paulus, Silas und Timotheus (1. Thessalonicher 1,1), obwohl der Brief in der ersten Person Singular abgefasst wurde, womit sicher Paulus gemeint ist. Er wurde um 51 n.Chr. geschrieben, nur 20 Jahre nach der Kreuzigung Jesu, und ist somit das älteste Buch im Neuen Testament.

• *Hauptpersonen*
Paulus, der berühmteste Missionar der Christenheit und der Gründer der Gemeinde in Thessalonich (Griechenland)
Timotheus und **Silas,** enge Mitarbeiter des Paulus, die später als Gemeindeleiter arbeiteten

• *Wichtige Szene*
Beim Klang der Posaune kommt Jesus auf die Erde zurück: „Denn er selbst, der Herr, wird, wenn der Befehl ertönt, wenn die Stimme des Erzengels und die Posaune Gottes erschallen, herabkommen vom Himmel, und zuerst werden die Toten, die in Christus gestorben sind, auferstehen. Danach werden wir, die wir leben und übrig bleiben, zugleich mit ihnen entrückt werden auf den Wolken in die Luft, dem Herrn entgegen; und so werden wir bei dem Herrn sein allezeit." (1. Thessalonicher 4,16-17)

• *Bekannter Vers*
„Denn ihr selbst wisst genau, dass der Tag des Herrn kommen wird wie ein Dieb in der Nacht." (1. Thessalonicher 5,2)

2. Thessalonicher

• *In einem Absatz zusammengefasst*
Nachdem sie den ersten Brief des Paulus empfangen hatten, der von der Wiederkunft Jesu handelte, nahm der Gedanke des zweiten Kommens Jesu die Thessalonicher ganz gefangen. Manche hörten sogar auf zu arbeiten und entschieden sich, von der Großzügigkeit anderer zu zehren, bis Jesus kommt, um sie in den Himmel zu führen. Paulus holt sie wieder auf den Boden der Wirklichkeit zurück: „Wer nicht arbeiten will, der soll auch nicht essen" (2. Thessalonicher 3,10). Paulus beschwört die Thessalonicher, im Angesicht der Verfolgung fest zu stehen: „Haltet euch

an die Lehre, in der ihr durch uns unterwiesen worden seid, es sei durch Wort oder Brief von uns" (2. Thessalonicher 2,15).

• *Zentraler Gedanke*
Jesus wird wiederkommen – zu *seiner* Zeit. Bis dahin gilt es, weiterhin ein christliches Leben zu führen. Dann kann man sich der himmlischen Belohnung gewiss sein.

• *Autor/Zeit*
Paulus schrieb diesen Brief kurz nach dem 1. Thessalonicherbrief, um 51–52 n.Chr.

• *Hauptperson*
Paulus, Gründer der Gemeinde in Thessalonich (Griechenland)

• *Wichtige Szene*
Bevor Jesus wiederkommt, gibt es eine große Rebellion gegen Gott: „Denn zuvor muss der Abfall kommen und der Mensch der Bosheit offenbart werden, der Sohn des Verderbens. Er ist der Widersacher, der sich erhebt über alles, was Gott oder Gottesdienst heißt" (2. Thessalonicher 2,3-4).

• *Bekannter Vers*
„Lasst's euch nicht verdrießen, Gutes zu tun." (2. Thessalonicher 3,13)

1. Timotheus

• *In einem Absatz zusammengefasst*
Der Apostel Paulus schreibt diesen Brief mit praktischen Ratschlägen an Timotheus, einen Mitarbeiter, den er zum Leiter der Gemeinde in Ephesus (heute Türkei) bestimmt hat. Sein Rat umfasst viele Themen – jeder Ratschlag will dazu dienen, dass Timotheus seine Arbeit als Gemeindeleiter in Ephesus, einer der größten Städte des Römischen Reiches, gut verrichten kann. Themen sind zum Beispiel: Gebet, die Rolle der Frau in der Gemeinde, Kriterien für die Wahl von Gemeindeleitern, Umgang mit Irrlehren und Fürsorge für die Armen.

• *Zentraler Gedanke*
„Jage aber nach der Gerechtigkeit, der Frömmigkeit, dem Glauben, der Liebe, der Geduld, der Sanftmut! Kämpfe den guten Kampf des Glaubens; ergreife das ewige Leben, wozu du berufen bist." (1. Timotheus 6,11-12)

• *Autor/Zeit*

Paulus schrieb diesen Brief wahrscheinlich kurz vor seiner Hinrichtung in den 60er-Jahren des 1. Jahrhunderts n.Chr. Allerdings ist dies aufgrund von stilistischen Erwägungen heute nicht unumstritten. Manche meinen, der Brief sei von einem seiner Schüler geschrieben worden.

• *Hauptpersonen*

Paulus, Gemeindegründer im ganzen Römischen Reich

Timotheus, Paulus' hingegebenster Mitarbeiter und Leiter der Gemeinde in Ephesus

• *Wichtige Szene*

Paulus warnt Timotheus davor, Religion als Mittel zum Reichwerden zu nutzen: „Wenn wir aber Nahrung und Kleider haben, so wollen wir uns daran genügen lassen. Denn die reich werden wollen, die fallen in Versuchung und Verstrickung und in viele törichte und schädliche Begierden, welche die Menschen versinken lassen in Verderben und Verdammnis." (1. Timotheus 6,8-9)

• *Bekannter Vers*

„Geldgier ist eine Wurzel alles Übels." (1. Timotheus 6,10)

2. Timotheus

• *In einem Absatz zusammengefasst*

Kurz vor seiner Hinrichtung schreibt Paulus diesen letzten Brief – ein tiefes persönliches Wort an seinen engsten Freund Timotheus. Alle seine Mitarbeiter haben Paulus verlassen. In einer kalten Umgebung und in Ketten (vielleicht im römischen Gefängnis) bittet Paulus seinen Freund über wohl mehr als 15 Jahre hinweg, zu ihm zu kommen. Die Reise nach Rom von Ephesus aus, wo Timotheus in der dortigen Gemeinde arbeitet, ist 1 600 Kilometer lang und führt über Land und über See. Vielleicht fürchtet Paulus, dass Timotheus nicht rechtzeitig eintrifft. So schreibt er ihm liebevolle Worte, Ratschläge und Ermutigungen, die sich lesen, als würde ein Vater zum letzten Mal mit seinem Sohn sprechen. „Bemühe dich darum, dich vor Gott zu erweisen als einen rechtschaffenen und untadeligen Arbeiter, der das Wort der Wahrheit recht austeilt." (2. Timotheus 2,15)

• *Zentraler Gedanke*

„Tu das Werk eines Predigers des Evangeliums, richte dein Amt redlich aus." (2. Timotheus 4,5)

• *Autor/Zeit*

Paulus schrieb diesen Brief aus dem Gefängnis, wahrscheinlich in Rom kurz vor seiner Hinrichtung in den 60er-Jahren des 1. Jahrhunderts n.Chr.

• *Hauptpersonen*

Paulus, Apostel, der der Hinrichtung entgegensieht
Timotheus, sein geliebter Mitarbeiter, der für ihn wie ein Sohn ist

• *Wichtige Szene*

Im Gefängnis sitzend und auf seine bevorstehende Hinrichtung wartend schreibt Paulus seinem engsten Freund: „Der Augenblick meines Todes ist nahe. ... Nun erwartet mich der Preis – der Siegeskranz der Gerechtigkeit" (2. Timotheus 4,6.8; NLB).

• *Bekannter Vers*

„Ich habe den guten Kampf gekämpft, ich habe den Lauf vollendet, ich habe Glauben gehalten." (2. Timotheus 4,7)

Titus

• *In einem Absatz zusammengefasst*

Der Apostel Paulus schrieb diesen Brief mit persönlichen Ratschlägen an Titus, einen Mitarbeiter, den er dazu bestimmt hat, die Gemeinden auf der Insel Kreta zu organisieren. Paulus gibt Titus beinahe dieselben Hinweise wie Timotheus, der in Ephesus wirkt, einschließlich der Qualifikationen für Gemeindeälteste und Empfehlungen, wie man verschiedene Gruppen innerhalb der Gemeinde lehren sollte. Zum Beispiel sagt Paulus, dass junge Männer Weisheit benötigen, junge Frauen sich ihren Familien widmen sollten und ältere Frauen davon Abstand nehmen sollten, Menschen zu kritisieren. Auch ermahnt Paulus, sich nicht auf verbale Scharmützel mit Eindringlingen einzulassen, die versuchen, die Christen in Irrlehren hineinzuführen.

• *Zentraler Gedanke*

„Deswegen ließ ich dich in Kreta, dass du vollends ausrichten solltest, was noch fehlt." (Titus 1,5)

• *Autor/Zeit*
Paulus, vermutlich in den 60er-Jahren des 1. Jahrhunderts n.Chr., kurz vor seiner Hinrichtung.

• *Hauptpersonen*
Paulus, Apostel und Gemeindegründer im ganzen Römischen Reich
Titus, Mitarbeiter des Paulus und Missionar, den Paulus beauftragte, die Gemeinden in Kreta zu organisieren

• *Wichtige Szene*
Titus, der auf der Insel Kreta Gemeindeleiter sucht, hält Ausschau nach Männern, die einen guten Ruf haben, treue Ehemänner und gute Väter sind. Jede ausgewählte Person „soll untadelig sein als ein Haushalter Gottes, nicht eigensinnig, nicht jähzornig, kein Säufer, nicht streitsüchtig, nicht schändlichen Gewinn suchen; sondern gastfrei, gütig, besonnen, gerecht, fromm, enthaltsam" (Titus 1,7-8).

• *Bekannter Vers*
„Denn es ist erschienen die heilsame Gnade Gottes allen Menschen."
(Titus 2,11)

Philemon

• *In einem Absatz zusammengefasst*
Paulus überzeugt den entlaufenen Sklaven Onesimus, zu seinem Herrn zurückzukehren. Onesimus nimmt diesen kurzen Brief des Paulus mit, der ihm helfen soll, sich zu schützen. Der Herr des Sklaven ist Philemon, in dessen Haus sich die Christen in Kolossä zum Gottesdienst treffen. Paulus ist als Führer der christlichen Bewegung im ganzen Römischen Reich anerkannt, da er viele Gemeinden gegründet hat. Er schreibt diesen Brief, als sei er Philemons Chef – ein wenig klingt es wie ein Bischof, der einem Pfarrer schreibt. Paulus bittet Philemon um einen Gefallen: „So bitte ich dich für meinen Sohn Onesimus, den ich gezeugt habe in der Gefangenschaft" (Philemon 10). Paulus sagt, dass er Onesimus gerne als Gehilfe behalten möchte, aber nicht ohne Philemons Einwilligung – ein Wink mit dem Zaunpfahl, dass Paulus die Freilassung des Onesimus begrüßen würde. Paulus verspricht, bald zu kommen und für alles aufzukommen, sofern Onesimus irgendeinen Schaden angerichtet hat.

• *Zentraler Gedanke*
Paulus bittet einen christlichen Sklavenhalter, einen entlaufenen Sklaven willkommen zu heißen. Und in verschiedenen, nicht allzu subtilen Hinweisen scheint Paulus um die Freilassung des Sklaven zu bitten.

• *Autor/Zeit*
Der Apostel Paulus schreibt aus dem Gefängnis, vielleicht während seiner zweijährigen Gefangenschaft in Rom, die ca. 60 n.Chr. begann.

• *Hauptpersonen*
Paulus, Gemeindegründer im ganzen Römischen Reich
Philemon, Gemeindeältester und Sklavenbesitzer
Onesimus, ein Sklave, der Philemon entlaufen war

• *Wichtige Szene*
Dem Sklavenhalter Philemon wird gesagt, dass er ein Gästezimmer für Paulus reservieren solle, da dieser ihn besuchen würde – offensichtlich um sicherzugehen, dass Philemon alles tut, worum Paulus ihn bittet. Freundlichkeit dem entlaufenen Onesimus gegenüber ist da noch das Mindeste. Um den Druck auf Philemon zu erhöhen, fügt Paulus hinzu: „Im Vertrauen auf deinen Gehorsam schreibe ich dir; denn ich weiß, du wirst mehr tun, als ich sage" (Philemon 21).

• *Bekannter Vers*
„Denn vielleicht war er darum eine Zeit lang von dir getrennt, damit du ihn auf ewig wiederhättest, nun nicht mehr als einen Sklaven, sondern als einen, der mehr ist als ein Sklave: ein geliebter Bruder." (Philemon 15-16)

Hebräer

• *In einem Absatz zusammengefasst*
Einige Jahrzehnte nach Jesus, vielleicht als die Römer begonnen hatten, Christen den Löwen vorzuwerfen, kehren viele Juden, die sich dem Christentum angeschlossen hatten, diesem den Rücken zu. Sie gehen in die Synagoge zurück, offensichtlich durch die ständige Verfolgung, der sie als Christen entgegensehen müssen, desillusioniert und zermürbt. Ein unbekannter Gemeindeleiter schrieb nun diese brillante Abhandlung, die erklärt, warum Juden in der Gemeinde bleiben sollten. Er stellt fest, dass Jesus als Sohn Gottes ein besserer Führer ist als irgendeiner der jüdischen Helden der Vorzeit – inklusive Mose und Abraham.

Jesus ist ein besserer Fürsprecher als die jüdischen Priester, da er nie gesündigt hat. Jesus ist ein besseres Opfer als jedes noch so gute Tieropfer, weil Jesus vollkommen ist. Und seit der Ankunft Jesu als lang erwarteter Messias ist der alte Bund zwischen Gott und der Menschheit hinfällig. Die Juden haben demzufolge nichts mehr, zu dem sie sinnvollerweise zurückkehren sollten.

• *Zentraler Gedanke*
Jüdische Gesetze sind überholt. „Indem er sagt: ‚einen neuen Bund‘, erklärt er den ersten für veraltet. Was aber veraltet und überlebt ist, das ist seinem Ende nahe." (Hebräer 8,13)

• *Autor/Zeit*
Autor ungenannt. Manche frühen Kirchenführer vermuteten Paulus als Autor, obwohl der Schreibstil sich von den anderen Briefen des Paulus unterscheidet. Andere Anwärter auf die Verfasserschaft sind unter anderem Barnabas, Apollos, Lukas und Silas.

• *Hauptperson*
Jesus, Sohn Gottes, der den jüdischen Bund obsolet machte und einen neuen Bund zwischen Gott und den Menschen begründete

• *Wichtige Szene*
600 Jahre vor Jesus versprach Gott: „Siehe, es kommen Tage, spricht der Herr, da will ich mit dem Haus Israel und mit dem Haus Juda einen neuen Bund schließen" (Hebräer 8,8). Beim letzten Abendmahl erhob Jesus einen Weinkelch und sagte: „Dieser Kelch ist der neue Bund in meinem Blut, das für euch vergossen wird!" (Lukas 22,20)

• *Bekannter Vers*
„Jesus Christus gestern und heute und derselbe auch in Ewigkeit." (Hebräer 13,8)

Jakobus

• *In einem Absatz zusammengefasst*
Wie das alttestamentliche Buch der Sprüche ist auch der Jakobusbrief eine Sammlung weiser Sprichwörter zu vielen Themen. In ihnen geht es darum, wie man als Gottes Volk leben sollte. Zum Beispiel:

„Ein jeder Mensch sei schnell zum Hören, langsam zum Reden, langsam zum Zorn." (Jakobus 1,19)

Beduinenbettler im Jahr 1899. Jakobus ermutigte Christen, ihren Glauben zu praktizieren, indem sie Menschen in Not helfen.

„Wenn jemand meint, er diene Gott, und hält seine Zunge nicht im Zaum, sondern betrügt sein Herz, so ist sein Gottesdienst nichtig." (Jakobus 1,26)

„Wenn ihr aber die Person anseht, tut ihr Sünde und werdet überführt vom Gesetz als Übertreter." (Jakobus 2,9)

„Demütigt euch vor dem Herrn, so wird er euch erhöhen." (Jakobus 4,10)

„Wer nun weiß, Gutes zu tun, und tut's nicht, dem ist's Sünde." (Jakobus 4,17)

• Zentraler Gedanke
Wenn wir Christen sind, werden das die Menschen an unserer Lebensweise feststellen können. „So ist auch der Glaube, wenn er nicht Werke hat, tot in sich selber." (Jakobus 2,18)

• Autor/Zeit
Der Brief stammt von Jakobus, „Knecht Gottes und des Herrn Jesus Christus" (Jakobus 1,1). Dieser Jakobus war vermutlich der älteste Bruder Jesu, der die Jerusalemer Gemeinde bis zu seiner Hinrichtung in den 60er-Jahren des 1. Jahrhunderts leitete.

- *Hauptperson*
Jakobus, ein Gemeindeleiter und Bruder Jesu

- *Wichtige Szene*
Wie ein Funke einen Wald in Brand setzt, so kann die winzige menschliche Zunge allerhand anrichten: „... sie befleckt den ganzen Leib und zündet die ganze Welt an und ist selbst von der Hölle entzündet" (Jakobus 3,6).

- *Bekannter Vers*
„Widersteht dem Teufel, so flieht er von euch. Naht euch zu Gott, so naht er sich zu euch." (Jakobus 4,7-8)

1. Petrus

- *In einem Absatz zusammengefasst*
Christen in Kleinasien (heute Türkei) durchleiden eine Art organisierter Verfolgung. Möglicherweise ist es der Beginn der von Kaiser Nero initiierten römischen Verfolgung, nachdem dieser die Christen beschuldigt hatte, das Feuer angezündet zu haben, das im Jahr 64 n.Chr. zwei Drittel Roms zerstört hat. Petrus nennt dies eine Glaubensprüfung, die dazu dient, dass „euer Glaube als echt und viel kostbarer befunden werde als das vergängliche Gold" (1. Petrus 7,7). Petrus rät ihnen, sich den Autoritäten unterzuordnen – besonders dem Kaiser – und ein gottgefälliges Leben zu führen, am Glauben festzuhalten und darauf vorbereitet zu sein, ihren Glauben demütig anderen zu erklären, wenn sie danach gefragt werden.

- *Zentraler Gedanke*
„Und wenn ihr auch leidet um der Gerechtigkeit willen, so seid ihr doch selig." (1. Petrus 3,14)

- *Autor/Zeit*
Der Apostel Petrus schrieb diesen Brief mithilfe von Silvanus (Silas, vgl. 1. Petrus 5,12) möglicherweise Mitte der 60er-Jahre des 1. Jahrhunderts, kurz bevor die Römer ihn hinrichteten.

Papst Petrus?

Katholiken lehren, dass Petrus Bischof von Rom und damit der oberste Amtsträger der Kirche war. Sie sagen, dass Jesus ihm die Autorität gegeben habe, anstelle Gottes zu handeln: „Ich will dir die Schlüssel des Himmelreichs geben: Alles, was du auf Erden binden wirst, soll auch im Himmel gebunden sein, und alles, was du auf Erden lösen wirst, soll auch im Himmel gelöst sein" (Matthäus 16,19). Diese Vollmacht würde sich nun auf alle seine Nachfolger, den jeweiligen Papst (dieser Titel ist seit ca. 300 n.Chr. in Gebrauch), übertragen.

Andere Christen meinen, dass Jesus Petrus mit diesen Worten einfach nur für den vor ihm liegenden Dienst bevollmächtigt hat, für die unmittelbar folgende Zukunft. Die Apostelgeschichte berichtet, dass nach Jesu Weggang Petrus die Verantwortung übernahm. Er hielt eine Predigt, die die christliche Bewegung begründete. Später wurde Petrus indessen zu einer von vielen Führungsgestalten wie etwa auch Jakobus, der in der Jerusalemer Gemeinde das Ruder übernahm, und Paulus, der die Missionsbemühungen im Ausland leitete.

• *Hauptperson*
Petrus, Führungspersönlichkeit unter den Jüngern Jesu und Leitfigur der frühen christlichen Bewegung

• *Wichtige Szene*
Jesus hängt sterbend am Kreuz – ein beeindruckendes Bild, das Petrus beschwört, um Christen in ihrem Leiden aufzubauen: „Ihr Lieben, lasst euch durch die Hitze nicht befremden, die euch widerfährt zu eurer Versuchung, als widerführe euch etwas Seltsames, sondern freut euch, dass ihr mit Christus leidet, damit ihr auch zur Zeit der Offenbarung seiner Herrlichkeit Freude und Wonne haben mögt." (1. Petrus 4,13)

• *Bekannter Vers*
„Alle eure Sorge werft auf ihn; denn er sorgt für euch." (1. Petrus 5,7)

2. Petrus

• *In einem Absatz zusammengefasst*
„ … denn ich weiß, dass ich meine Hütte bald verlassen muss, wie es mir auch unser Herr Jesus Christus eröffnet hat" (2. Petrus 1,14). In diesem vermutlich letzten offenen Brief des Petrus an die zerstreuten Christen in Kleinasien (heute Türkei) warnt der Apostel vor Irrlehrern, die versuchen, die Menschen von christlichen Lehren abzubringen. Und denen, die nach Jesu Wiederkunft verlangen, versichert er, dass er wiederkommen wird, wenn die Zeit dafür da ist. „Der Herr verzögert nicht die Verheißung, wie es einige für eine Verzögerung halten; sondern er hat Geduld mit euch und will nicht, dass jemand verloren werde, sondern dass jedermann zur Buße finde" (2. Petrus 3,9). Da Christen auf Jesus warten, drängt Petrus sie, ein reines Leben zu führen, in Frieden mit Gott.

• *Zentraler Gedanke*
Christen sollten sich nicht von bösen Menschen in die Irre führen lassen, die sich als Lehrer oder Propheten ausgeben – „das Gericht über sie bereitet sich seit Langem vor" (2. Petrus 2,3).

• *Autor/Zeit*
Petrus schrieb diesen Brief kurz vor seiner Hinrichtung in den 60er-Jahren des 1. Jahrhunderts. Manche Theologen bezweifeln dies und gehen davon aus, dass ein Schüler des Petrus diesen Brief im Namen seines Mentors geschrieben habe.

- *Hauptperson*
Petrus, Führungspersönlichkeit unter den Jüngern Jesu und Leitfigur der frühen christlichen Bewegung

- *Wichtige Szene*
Falsche Lehrer, die sich als Christen ausgeben, schleichen sich in die Gemeinde aus einem einzigen Grund: Habsucht (2. Petrus 2,3). Sie erschwindeln sich von den Christen nicht nur Geld, sondern auch deren Glauben, locken vor allem instabile Christen an. Öffentlich begehen sie himmelschreiende Sünden wie Ehebruch und behaupten, daran sei nichts Falsches.

- *Bekannter Vers*
„Eins aber sei euch nicht verborgen, ihr Lieben, dass *ein* Tag vor dem Herrn wie tausend Jahre ist und tausend Jahre wie ein Tag." (2. Petrus 3,8)

1. Johannes

- *In einem Absatz zusammengefasst*
Der Apostel Johannes schrieb diesen offenen Brief an Gemeinden, die durch „Antichristen" – Feinde des Christus – gespalten wurden. Johannes scheint sich auf eine Splittergruppe zu beziehen, die sich später zum Gnostizismus auswachsen sollte (von griechisch *gnosis*, Erkenntnis). Nach dieser Lehre soll uns Geheimwissen retten und nicht Jesus. Diese Menschen haben merkwürdige Vorstellungen über Jesus. Sie nehmen an, dass alles Körperliche böse sei, also ziehen sie den Schluss, dass Jesus nicht als Mensch auf die Erde gekommen sein kann. Er sah lediglich so aus wie ein Mensch und starb auch nur scheinbar. Johannes warnt die Christen davor, diesen verdrehten Lehren zu glauben und bringt sie zurück zur Botschaft, die sie am Anfang gehört hatten: Jesus wurde Mensch und starb, um Menschen von ihren Sünden zu retten. Ebenso erinnert Johannes an eine andere christliche Grundlehre: „... dass wir uns untereinander lieben sollen" (1. Johannes 3,11).

- *Zentraler Gedanke*
„Wer den Sohn leugnet, der hat auch den Vater nicht; wer den Sohn bekennt, der hat auch den Vater. Was ihr gehört habt von Anfang an, das bleibe in euch. Wenn in euch bleibt, was ihr von Anfang an gehört habt, so werdet ihr auch im Sohn und im Vater bleiben. Und das ist die

Verheißung, die er uns verheißen hat: das ewige Leben." (1. Johannes 2,26-27)

• *Autor/Zeit*
Zwar stellt sich der Schreiber nicht selbst vor, doch ist der Schreibstil dem Johannesevangelium wie auch dem 2. und 3. Johannesbrief so ähnlich, dass man davon ausgeht, dass diese Schriften von ein und derselben Person stammen. Kirchenführer aus dem frühen 2. Jahrhundert nennen Johannes, den Jünger Jesu, als Autor dieser Bücher. Sie wurden vermutlich in den 90er-Jahren des 1. Jahrhunderts verfasst.

• *Hauptperson*
Jesus, der Sohn Gottes, der als Mensch auf die Erde kam, um für die Sünde der Menschen zu sterben, sie von ihren Sünden zu retten und ihnen eine ewige Heimat im Himmel vorzubereiten

• *Wichtige Szene*
„Antichristen" bildeten eine Spaltbewegung, die sich von der christlichen Gemeinde trennte und viele ihrer Glieder mitnahm. Sie verzerrten den christlichen Glauben auf sonderbare Weise. Weil es vor allem aufgrund des verwendeten Vokabulars dem echten Christentum teilweise ähnlich schien, war es besonders täuschend. Doch Johannes demaskiert diese Täuschung: „Und wie ihr gehört habt, dass der Antichrist kommt, so sind nun schon viele Antichristen gekommen; daran erkennen wir, dass es die letzte Stunde ist. Sie sind von uns ausgegangen, aber sie waren nicht von uns" (1. Johannes 2,19).

• *Bekannter Vers*
„Wenn wir aber unsre Sünden bekennen, so ist er treu und gerecht, dass er uns die Sünden vergibt und reinigt uns von aller Ungerechtigkeit." (1. Johannes 1,9)

2. Johannes

• *In einem Absatz zusammengefasst*
In dieser kurzen, 13 Verse langen Notiz, die sich fast wie ein PS zum 1. Johannesbrief liest, stellt der Autor zwei Punkte heraus:
Liebt einander!
Distanziert euch von falschen Lehrern und Antichristen, die euch von eurem ewigen Lohn weglocken wollen. Nehmt sie auch nicht in eure Häuser auf.

• *Zentraler Gedanke*
„Ich schreibe dir kein neues Gebot, sondern das, was wir gehabt haben von Anfang an –, dass wir uns untereinander lieben." (2. Johannes 5)

• *Autor/Zeit*
Der Autor stellt sich lediglich als „Ältester" vor. Doch der Schreibstil erinnert sehr an das Johannesevangelium wie auch an den 1. und 3. Johannesbrief, sodass die meisten Experten darin übereinstimmen, sie alle dem Apostel Johannes zuzuschreiben.

• *Hauptpersonen*
der **„Älteste"**, vermutlich der Apostel Johannes
die auserwählte Herrin – gemeint ist die Gemeinde

• *Wichtige Szene*
Eine Person, die behauptet, Christ zu sein, kommt in die Gemeinde und beginnt eigenartige Lehren zu verkünden, die denen der Jünger Jesu widersprechen. „Wenn jemand zu euch kommt und bringt diese Lehre nicht, so nehmt ihn nicht ins Haus und grüßt ihn auch nicht" (2. Johannes 10).

• *Bekannter Vers*
siehe „Zentraler Gedanke"

3. Johannes

• *In einem Absatz zusammengefasst*
Dieser Brief ist eine kurze Notiz an einen Gemeindeleiter namens Gaius. Der Schreiber – wohl der Apostel Johannes – empfiehlt diesem, christliche Lehrer, die als Reisende in die Stadt kommen, gastfreundlich aufzunehmen. Den machthungrigen Diotrephes verurteilt Johannes. Dieser hatte sich geweigert, christliche Lehrer als Gast aufzunehmen und sogar die aus der Gemeinde ausgeschlossen, die eben dies getan hatten.

• *Zentraler Gedanke*
Gemeinden sollten reisende Geschwister unterstützen. „Solche sollen wir nun aufnehmen, damit wir Gehilfen der Wahrheit werden" (3. Johannes 8).

• *Autor/Zeit*
siehe 1. und 2. Johannes

119

• *Hauptpersonen*
der „Älteste", vermutlich der Apostel Johannes
Gaius, ein Gemeindeleiter, der durchreisenden Christen Gastfreund-
schaft erwiesen hat
Diotrephes, ein tyrannischer Mensch aus der Gemeinde, der seine
Autorität missbraucht, indem er Gemeindemitglieder ausschließt, die
nicht mit ihm übereinstimmen

• *Wichtige Szene*
Eine Machtprobe steht vor der Tür: Ein Querulant, der sich an seiner
Macht festklammert und Menschen aus der Gemeinde wirft, die nicht
seiner Meinung sind, wird sich persönlich den Herausforderungen stellen müssen, die Johannes an ihn richtet.

• *Bekannter Vers*
„Folge nicht dem Bösen nach, sondern dem Guten" (3. Johannes 11).

Judas

• *In einem Absatz zusammengefasst*
Judas schreibt einen offenen Brief an die Christen allerorten, in welchem er sie vor einer neuen Irrlehre warnt, die in die Gemeinde ein-
dringt. „Denn es haben sich einige Menschen eingeschlichen, über die
schon längst das Urteil geschrieben ist; Gottlose sind sie, missbrauchen
die Gnade unseres Gottes für ihre Ausschweifung" (Judas 4). Judas sagt,
dass diese total danebenliegen und die Geschichte mit Leichen übersät
ist, die dies beweisen. Gott hatte Angreifer geschickt, um das ganze
jüdische Volk für ihre fortdauernde Sünde auszulöschen. Gott zerstör-
te die Städte Sodom und Gomorra und bestrafte sogar ungehorsame
Engel. „Ihr aber, meine Lieben", so schreibt Judas, „erbaut euch auf
euren allerheiligsten Glauben und betet im Heiligen Geist, und erhal-
tet euch in der Liebe Gottes und wartet auf die Barmherzigkeit unseres Herrn Jesus Christus zum ewigen Leben." (Judas 20-21)

• *Zentraler Gedanke*
Gottes Vergebung ist kein Freibrief dafür, weiterzusündigen. Gott
bestraft sündige Menschen – wie die Geschichte zeigt.

• *Autor/Zeit*

„Judas, ein Knecht Jesu Christi und Bruder des Jakobus" (Judas 1). Jakobus und Judas waren Brüder Jesu, und frühe Kirchenführer gingen davon aus, dass dieser Judas der Verfasser des vorliegenden Briefes ist. Er schrieb ihn in der Mitte des 1. Jahrhunderts.

• *Hauptperson*

Judas, Verfasser des Briefes und Bruder Jesu

• *Wichtige Szene*

Sodom und Gomorra – Zwillingsstädte, die von sexueller Unmoral und Perversion durchdrungen waren – sind durch einen Feuerregen ausgelöscht worden. Sie sind „zum Beispiel gesetzt und leiden die Pein des ewigen Feuers" (Judas 7).

• *Bekannter Vers*

„Dem alleinigen Gott, unserm Heiland, sei durch Jesus Christus, unsern Herrn, Ehre und Majestät und Gewalt und Macht vor aller Zeit, jetzt und in alle Ewigkeit! Amen." (Judas 25)

Das Zeichen des Tieres

„Hier ist Weisheit! Wer Verstand hat, der überlege die Zahl des Tieres; denn es ist die Zahl eines Menschen, und seine Zahl ist sechshundertsechsundsechzig." (Offenbarung 13,18)

Viele Bibelexperten sind der Meinung, bei dem „Tier" handle es sich um den römischen Kaiser Nero, mit dem 300 Jahre Christenverfolgung begonnen haben. Da viele antike Sprachen keine Ziffern aufwiesen, waren Buchstaben auch mit Zahlenwerten belegt (z.B.: A = 1; B = 2 etc.). Durch Addition der Zahlenwerte der aramäischen Schreibweise für „Kaiser Nero" erhält man die Summe 666. Natürlich gibt es aber noch eine Fülle anderer Deutungsmöglichkeiten.

Offenbarung

• *In einem Absatz zusammengefasst*

Johannes befindet sich auf der kleinen Insel Patmos vor der kleinasiatischen Küste im Exil und sieht unglaubliche Visionen über das Ende der Menschheitsgeschichte und den Anfang des ewigen Lebens mit Gott im Himmel. Er sieht:

apokalyptische Reiter, die Krieg, Hungersnot und Krankheit symbolisieren;

Christen, die den Märtyrertod sterben;

Katastrophen: Erdbeben, Hagel, Feuer. „Und es fiel ein großer Stern vom Himmel, der brannte wie eine Fackel" (Offenbarung 8,10);

einen blutigen Fluss, der bis an die Zäume der Pferde reicht und 300 Kilometer lang ist;

Satan wird besiegt und in einen Feuersee geworfen (Offenbarung 20,10);

Darüber sind sich die Bibelexperten nicht einig.

Sogar Jesus hat hier in scheinbar widersprüchlichen Bildern gesprochen. Manchmal sprach er von der Hölle als feurigem Ort, ein andermal benutzte er in Bezug auf die Hölle den Begriff „Finsternis" (vgl. Matthäus 5,22 mit 8,12). Doch Feuer vertreibt Finsternis ...

Vonseiten der Theologen werden folgende Theorien angeboten, wie man die Hölle beschreiben kann:

- ein real existierender Ort, an dem Sünder für ewig im Feuer leiden müssen;

- ein Symbol für die ewige Trennung von Gott;

- ein Symbol für endgültige Vernichtung.

- Die Hölle ist kein Ort der Bestrafung, sondern der Besinnung. Gott ist ein liebender Gott, und er wird die Sünder ewig leben lassen – nicht um sie zu bestrafen, sondern um ihnen die Chance zu geben, umzukehren.

Die ersten beiden Aussagen sind diejenigen, die von der Bibel her am wahrscheinlichsten sind.

Den Gerichtstag, an dem alle Menschen danach gerichtet werden, wie sie gelebt haben. „Und wenn jemand nicht gefunden wurde geschrieben in dem Buch des Lebens, der wurde geworfen in den feurigen Pfuhl." (Offenbarung 20,15)

Das Leben im Himmel. „Der Tod wird nicht mehr sein, noch Leid noch Geschrei noch Schmerz wird mehr sein." (Offenbarung 21,4)

• *Zentraler Gedanke*

Gott besiegt Satan und das Böse. Die Menschen an der Seite Gottes werden für immer mit ihm leben.

• *Autor/Zeit*

Der Schreiber bezeichnet sich selbst schlicht als „seinem (Gottes) Knecht, Johannes". Kirchenführer im 2. Jahrhundert n.Chr. gingen vom Apostel Johannes aus, der auch das Johannesevangelium und die drei Johannesbriefe geschrieben hat. Vermutlich hat er das Buch während der römischen Verfolgung in den 90er-Jahren des 1. Jahrhunderts verfasst.

• *Hauptpersonen*

Johannes, der Autor des Buches und einer der Jünger, die Jesus am nächsten standen

Jesus, der Sohn Gottes, der auf die Erde zurückkommt, um die Menschen zu richten und die Christen in den Himmel zu führen

• *Wichtige Szene*

Johannes schaut in den Himmel und beschreibt das Unbeschreibbare, indem er die naheliegendsten irdischen Vergleiche benutzt, die er zur Verfügung hat. Perlentore, Edelsteinmauern und eine Stadt aus kristallklarem Gold – alles erleuchtet von Gottes strahlender Herrlichkeit. „Nichts Unreines wird hineinkommen." (Offenbarung 21,27)

• Bekannter Vers

„Ich bin das A und das O, spricht Gott der Herr, der da ist und der da war und der da kommt, der Allmächtige." (Offenbarung 1,8)

Die Insel Patmos vor der Küste der Türkei. Hier schrieb Johannes im Exil das Buch der Offenbarung.

Wie sieht der Himmel aus?

„Erwartet keine Perlentore, Edelsteinmauern und goldgepflasterte Straßen", sagen die meisten Bibelexperten.

Zwar beschreibt Johannes, der Verfasser der Offenbarung, den Himmel so, doch hat er nur die kostbarsten irdischen Gegenstände benutzt, um etwas zu beschreiben, was man mit irdischen Dingen gar nicht vergleichen kann.

Beispielsweise sagt Johannes, dass der Himmel die Form eines Würfels mit einem Kantenmaß von 2250 km hat. Ein Würfel symbolisiert Heiligkeit, weil auch der heiligste Raum im jüdischen Tempel Würfelform hatte. Dieser beinhaltete den heiligsten Gegenstand Israels, die Bundeslade, eine Kiste, die die Zehn Gebote enthielt. Dieser Raum maß lediglich neun Kubikmeter. So symbolisiert das hier vom Himmel gezeichnete Bild als gewaltiger Würfel, dass der Himmel unvorstellbar viel heiliger ist als der heiligste Platz auf der Erde.

Wie auch immer der Himmel aussieht – es ist Gottes Gegenwart, der ihn zum Himmel macht. „Siehe da, die Hütte Gottes bei den Menschen! Und er wird bei ihnen wohnen, und sie werden sein Volk sein und er selbst, Gott mit ihnen, wird ihr Gott sein." (Offenbarung 21,3)

DAS RÖMISCHE
REICH

*DAS RÖMISCHE REICH ZUR
ZEIT JESU*

*Kaiser Augustus, der über Rom
herrschte, als Jesus geboren
wurde, brachte Frieden, Wohlstand und Stabilität in das
Römische Reich. Zur Zeit seines
Todes im Jahr 14 n.Chr.
umschloss das Territorium des
Römischen Reiches und seiner
direkten Verbündeten den
gesamten Mittelmeerraum.*

O C E A N U S
A T L A N T I C U S
(A T L A N T I S C H E R
O Z E A N)

BRITANNIA

GERMANIA
INFERIOR

Rhenus (Rhein)

LUGDUNENSIS

BELGICA

GERMANIA
SUPERIOR

RAET

AQUITANIA

NARBONENSIS

ALPES POENINA

ALPES
COTTIAE

ALPES
MARITIMAE

LUSITANIA

TARRACONENSIS

CORSICA

BAETICA

SARDINIA

Carthago

MAURETANIA

AFRICA

das Römische Reich 14 n.Chr.
abhängiger Staat
Provinzgrenze
das Römische Reich in seiner größten Ausdehnung (116 n.Chr.)
römische Straße

0   250   500 km

0   100   200   300 miles

... vius (Donau)

MARE CASPIUM (KASPISCHES MEER)

...ONIA

DACIA

...LMATIA

Salonae

MOESIA

PONTUS EUXINUS (SCHWARZES MEER)

ARMENIA

THRACIA

BITHYNIA UND PONTUS

Nicomedia

CAPPADOCIA

MACEDONIA

Thessalonica

ASSYRIA

EPIRUS

ASIA

GALATIA

Tigris

MESOPOTAMIA

Corinthus

Ephesus

Athenae

CILICIA

ACHAIA

LYCIA UND PAMPHYLIA

Antiochia

SYRIA

CRETA

Euphrat

MARE INTERNUM (MITTELMEER)

CYPRUS

JUDAEA

Jerusalem

Cyrene

Alexandriae

ARABIA/ NABATAEA

CYRENAICA

AEGYPTUS

Nil

SINUS ARABICUS

Bildnachweise

MICHAEL POOLE

Glaube und Wissenschaft

Wissen
für Einsteiger

R.Brockhaus

Michael Poole

Glaube und Wissenschaft –
Wissen für Einsteiger

128 Seiten · Paperback mit vielen farbigen Abbildungen ·
Format 13,7 x 21,5 cm · Best.-Nr. 226.242

Ist es wirklich so, dass Glaube und Wissenschaft unvereinbar sind?

Was sind die wichtigsten Argumente beider Seiten in dieser Auseinandersetzung, und wie hat sich der Konflikt durch die Historie hindurch verändert?

Dieses praktische Handbuch bietet all denen, die sachkundig mitreden wollen, einen leichten Einstieg in die Kontroverse:

Die Grundlagen des christlichen Glaubens werden erklärt, die entscheidenden Entdeckungen der Naturwissenschaften benannt und Leitbegriffe wie z.B. der Kreationismus erklärt.

scm R.Brockhaus